D0823832

LES ANTIQUITEZ DE ROME
LES REGRETS

JOACHIM DU BELLAY

LES ANTIQUITEZ
DE ROME

LES REGRETS

Introduction, chronologie et bibliographie
par
Françoise JOUKOVSKY

GF Flammarion

© 1994, FLAMMARION, Paris, pour cette édition.
ISBN : 978-2-0807-0245-6

INTRODUCTION

Alors que les titres des recueils poétiques du XVIᵉ siècle sont souvent longs et peu évocateurs, les mots *Antiquitez* et *Regrets* sont l'image plus ou moins lointaine de ce passé vers lequel Du Bellay se disperse. Ils sont l'essence de sa poésie, à laquelle l'âme moderne ne peut rester insensible.

Les deux œuvres, sans doute composées à la même époque, et que l'étude ne doit pas dissocier, sont nées d'une même *expérience du temps*. Elle est plus déterminante que les modèles italiens et néo-latins, les poèmes de Pétrarque ou de Sannazar, dont Du Bellay s'est beaucoup inspiré.

Le poète des *Antiquitez* — trente-deux sonnets à la mémoire d'une ville morte — voit se dissiper dans le temps la matière la plus solide. Plus de marbre, mais une « poudre » sans couleur. Plus de contours précis, car Du Bellay évite les termes exacts, mais des « monceaux ». Plus de monuments, construits selon les plans distincts de la perspective, mais un espace désert, sans limites et sans nom, une « poudreuse plaine », des « champs deshonnorez », une « vague campagne ». C'est l'inverse de la création platonicienne, un retour au chaos : existence informe et désordonnée, que Du Bellay évoque dans certains sonnets du recueil, alors que les architectes et les graveurs qui reproduisaient les vestiges romains s'intéressaient au contraire à la ferme structure de ces édifices. Les images de tempête et de chute expriment cette instabilité, et l'inconsistance du réel réduit à des termes de valeur restrictive ou négative — *marques, fragments, trace, tombeau* — le vocabulaire qui désigne l'apparence concrète et présente. Cette impression d'évanescence est transcrite, paradoxalement, dans le cadre net et contraignant du sonnet. Ses différentes strophes dissipent la vision initiale, surtout dans le *Songe* qui fait suite aux *Antiquitez* : cette série de quinze sonnets est un poème de l'apparition fugitive. Les limites internes, d'une strophe à l'autre, s'effacent parfois dans d'insidieuses parenthèses, et le quinzième sonnet des *Antiquitez* s'achève, infiniment, sur une question absurde :

> Ne sentez-vous augmenter vostre peine
> Quand quelquefois de ces costaux Romains
> Vous contemplez l'ouvrage de vos mains
> N'estre plus rien qu'une poudreuse plaine ?

Attente d'un écho antérieur à l'appel, puisque le poète s'adresse à ce que les Romains furent jadis.

Dans les *Regrets*, cent quatre-vingt-onze sonnets où Du Bellay avoue ses déceptions pendant son séjour romain, le poète éprouve également le pouvoir du temps, mais cette fois à ses dépens. Il dérive sans cesse vers le passé, incapable de s'accorder comme Montaigne avec l'instant présent. La partie élégiaque du recueil (s. I à LVI) évoque ce perpétuel décalage entre celui qu'il est à Rome et celui qu'il croit avoir été. Au Du Bellay d'antan, le poète prête tous les bonheurs et toutes les chances : la possibilité de se pousser à la cour, comme Ronsard, une santé qu'un climat pénible et quelques excès n'avaient pas dégradée, et surtout la facilité de la vie angevine, lente promenade parmi les « champs blondissants », alors que la vie romaine est une course harassante. Il le voit libre, franc de soucis, inspiré et honnête, car la fureur poétique le conduisait au ciel : où sont

> Cest honneste desir de l'immortalité
> Et ceste honneste flamme au peuple non commune ?

Il essaie en vain de se réunir dans l'instant, par le plaisir, et le sonnet LIII traite le thème épicurien du « carpe diem » sur un ton désespéré. L'avenir ne lui permet pas davantage de se ressaisir : il n'apporte au poète que l'espoir trompeur et la vieillesse irréversible, et se dérobe dans le vide de l'ennui, plus long « qu'un siege de Troye ». Au loin, le « bord incogneu » de la mort, où le poète aperçoit l'image effacée des cygnes mourants. Du Bellay remonte alors vers son passé, à la recherche de ce double plus heureux. Mais il ne peut le réincarner :

> Et que ce que j'estois, plus estre je ne puis.

Il n'est ni l'un ni l'autre, et son personnage actuel lui

est devenu aussi étranger que ces Italiens parfois incompréhensibles. C'est l'exil total, car il a comme les modernes la faculté désastreuse de s'imaginer autre qu'il n'est. Le passé ne lui offre même pas les joies du souvenir à l'état pur : Du Bellay y trouve aussi les tourments où s'embarrassent les hésitants, le repentir, qui le « devore », les scrupules et la mauvaise foi, lorsqu'il tente dans les sonnets XXVII et XXVIII de définir les raisons pour lesquelles il a fui la France.

Ainsi Du Bellay sans cesse excède les limites étroites du quotidien, même dans les *Regrets*, ce faux journal : beau cas de divagation poétique, et comparable à telle œuvre de Nerval ou de Rilke. Mais la difficulté qu'il éprouve à vivre dans le présent est aggravée par une autre inquiétude : *la peur du réel*, qui le fascine et le déçoit. Dans les deux recueils, *Antiquitez* et *Regrets*, Du Bellay manifeste un étonnement poétique et souvent douloureux devant les bizarreries d'un monde où il ne trouve pas spontanément sa place.

L'étrangeté du spectacle extérieur ne lui inspire parfois que de l'amusement. Le voyageur prend quelque recul, et note dans les *Regrets* de menus détails, l'absence d'honnêtes femmes dans les rues de Rome, la politesse trop appuyée du courtisan italien, ou les ruelles liquides de Venise. Volontiers badaud, Du Bellay aime flâner sur les places

> ou tant de peuple abonde
> De prestres, de prelats, et de moynes aussi,

et certains tableaux sont comme authentifiés par un détail vu, le goût et l'abus du déguisement, ou le carrosse, mode de locomotion qui se développe effectivement au XVIᵉ siècle. Il lui plaît d'observer une scène pittoresque, la course du palio ou le châtiment du buffle. Il est attentif au différent et au typique, par exemple à la mentalité des Italiens, peuple friand de distractions, gai et vite ému, ou aux caractères propres à la Rome du XVIᵉ siècle : ville peuplée, dont la population augmente, et cité en pleine rénovation, où les grands s'occupent à bâtir. On retrouve dans tel sonnet des *Regrets* des phénomènes caractéristiques de ce milieu et de cette époque, l'essor des affaires, notamment de la banque (s. LXXX), et la non moins prospère industrie des courtisanes. Il est également sensible à l'insolite : il observe les scènes de possession et d'exorcisme, ou capte au passage un nom dont l'antique noblesse ne convient guère à la canaille (s. C). Il s'en divertit, et contemple avec gaieté le manège des courtisanes et les tics des habitués du Vatican. « Il fait bon voir », dit-il, et l'emploi fréquent de ce verbe à la première personne souligne la présence de ce témoin, qui d'un regard ironique remarque la pourpre trop somptueuse (s. CXIX) et la pâleur d'un visage inquiet (s. CXVIII), ou saisit la silhouette en mouvement, la démarche du courtisan (s. LXXXVI).

Mais plus souvent, Du Bellay ressent de façon douloureuse l'horreur et l'âpreté du réel. Dans les deux recueils, *Antiquitez* et *Regrets*, il découvre un monde différent de celui qu'avait rêvé l'étudiant de Coqueret. Les *Antiquitez* évoquent sans doute la grandeur de Rome, mais aussi sa fureur belliqueuse, son appétit de conquête, qui la rend semblable aux géants, créatures mal dégrossies, et prêtes à ramener le monde au chaos. Cette folie guerrière s'est finalement retournée contre Rome elle-même, perdue par des luttes intestines. L'Empire romain est dans les *Antiquitez* l'image scandaleuse d'une civilisation créatrice et raffinée, mais qui n'a pu résorber un fond de barbarie latente. Aussi Rome est-elle

> Tout le parfait dont le ciel nous honnore,
> Tout l'imparfait qui naist dessous les cieux.

Paradoxe dont s'étonne cet humaniste, et qui explique ses sentiments mêlés, admiration, tristesse, réprobation. Quant à la Rome moderne, décrite dans les *Regrets*, elle étale ses laideurs avec cynisme. La cour romaine offre un condensé des sécrétions humaines, des moins nauséabondes aux plus vénéneuses : ignorance et oisiveté, ambition, cupidité, orgueil, envie, haine active et efficace. Le sonnet du conclave crée une atmosphère étouffante, où les vices et les intrigues pullulent

> En un petit recoing de dix pieds en carré.

L'ironie insinue, mais parfois la brutalité de certains termes révèle l'incroyable réalité, la « grand'puanteur » et « l'ordure » de la cour romaine, les cardinaux « en vente » pour moins d'un écu, ou menant « en plein jour » quelque entreprise galante. Le terme concret souligne l'importance du matériel — du plaisir, ou de l'espèce sonnante et trébuchante — dans ce monde où évoluent des spécialistes du spirituel. Du Bellay évoque ce spec-

tacle avec la férocité douloureuse de l'idéaliste, ce rire
sardonique dont il parle dans le sonnet LXXVII des
Regrets.

Le poète en souffre d'autant plus qu'il ne peut s'exclure
totalement de ce monde réprouvé. Malgré sa générosité,
son sens de l'honneur et du dévouement gratuit, et son
amour de l'indépendance, il s'interroge anxieusement
sur les motifs de son départ pour Rome : l'ambition,
sans doute, comme les autres. Il voudrait fuir la conta-
gion (s. L) et rêve d'une retraite, mais le secrétaire de
Jean Du Bellay est pris dans le jeu, à chaque heure et
à chaque pas :

> Suivre son Cardinal au Pape, au Consistoire,
> En Capelle, en Visite, en Congregation...
> Parler du bruit qui court, faire de l'habile homme :
> Se pourmener en housse...

Activité désordonnée, dont il n'approuve pas les motifs,
et qu'une série d'infinitifs réduit dans plusieurs sonnets
à une gesticulation absurde. Il s'accommode mal du personnage qu'il lui faut endosser.

La grande source de poésie dans les *Antiquitez* et dans
les *Regrets* est cette difficulté à s'adapter aux lois de la
vie, à lui-même, à la situation présente. La sagesse peut
atténuer ce décalage : dans les sonnets XXXVII à LVI
des *Regrets*, Du Bellay trouve l'aide de la modération
épicurienne ou de la résignation stoïcienne. Mais elle
interrompt à peine ce dialogue entre la créature égarée
dans l'existence, l'agneau errant « parmy la plaine », et
l'autre, l'ombre rassurante qu'il recherche dans les songes
du passé.

*
***

Il ne connaîtra une espèce de bonheur qu'après avoir
accepté cette instabilité, nécessaire à l'inspiration, et
pris conscience de sa valeur créatrice. La poésie est en
effet le seul remède.

Du Bellay la conçoit en partie comme *une fuite vers le
monde des Idées*, où le réel s'épure et trouve sa significa-
tion.

Cette recherche explique le dessein des *Antiquitez*.
Avec l'aide des poètes latins, Virgile ou Lucain, et de
leurs disciples néo-latins, Du Bellay tente de découvrir
par-delà l'histoire anecdotique les forces spirituelles qui
ont déterminé l'évolution de ce peuple. Le destin romain
a été voulu par une providence : elle a veillé à la fonda-

tion de cet empire (s. VIII), a décidé sa perte lorsque
Rome s'est élevée trop haut (s. XII, XIII, XVIII), et
lui offrira peut-être une renaissance, puisque le démon
romain ressuscite ces murs (s. XXVII). Les dieux ont
fait naître de cette terre un certain nombre de valeurs,
que Du Bellay évoque à l'aide d'un vocabulaire abstrait,
le *courage*, la *grandeur*, la *vertu*, la *sagesse*, et dont le
poète capte le reflet, c'est-à-dire l'*honneur*, malgré
l'absence presque totale de vestiges matériels. Par le
dialogue avec les « Umbres poudreuses » (s. XV) et par
la méditation sur les causes de son histoire, Du Bellay
retrouve dans les champs de ruines l'esprit qui inspira
cette nation : but défini dès le premier sonnet sous la
fiction du rituel d'invocation. Les *Antiquitez* ne sont pas
les *Antiquaria*, ces abondantes compilations auxquelles
travaillaient les érudits du XVIᵉ siècle.

La composition des *Regrets* relève d'une démarche
analogue. Ce recueil d'apparence composite, qui réunit
l'élégie, la satire, la louange, doit à l'itinéraire spirituel
du poète une continuité profonde. A la plainte (I-XXXVI)
succède une première réflexion morale (s. XXXVII-
LVI), où Du Bellay propose quelques remèdes aux
maux de l'ambition : se contenter du peu qu'on a, pour
savourer librement les joies de l'affection et de l'amitié,
et puisqu'il est trop tard, prendre « en gré la mauvaise
fortune ». Armé de ces principes, Du Bellay va s'aven-
turer dans ce monde corrompu. Dans les sonnets LVII
à CXXVII, la description s'élève sans cesse à une
méditation plus abstraite : car la satire dans les *Regrets*
ne se limite pas à l'attaque personnelle, et présente
comme son modèle horacien un intérêt moral. Mais le
retour en France n'apporte que déceptions : après un
voyage pénible, Du Bellay souffre des mêmes soucis et
des mêmes hypocrisies, car toutes les cours se valent
(s. CXXXVIII-CLI). Il se retire alors « entre pareils à
soy », comme l'annonçait le sonnet XXXVIII. Dans ce
monde préservé, il rencontre quelques privilégiés, dont
la principale raison de vivre est la poésie ou l'art. Il
retrouve Madame Marguerite, sœur du Roi et protectrice des lettrés, aussi sage que Minerve. Malgré la flat-
terie, ces derniers sonnets des *Regrets*, teintés de plato-
nisme, évoquent le refuge suprême de cette âme blessée
par le contact du réel, et prisonnière « dans l'enfer de
son corps » (s. CLXXIV). Au royaume des Idées, Du Bellay contemple ce mythe de la nouvelle Pallas, et son

incarnation, preuve que la sagesse, la vertu, la culture, en somme l'humanité sous sa forme supérieure, existent malgré tout.

Ce mouvement caractérise l'ensemble de son œuvre. L'observation critique du monde extérieur alterne avec le retour dans cette caverne de la contemplation que décrit le bel *Hymne de la Surdité* dans les *Jeux rustiques*. Le poète de l'*Olive* ou des *Œuvres* de 1552 la fréquentait déjà.

Mais l'intellect ne peut guérir cet individu qui souffre de vivre si imparfaitement. La douceur du chant poétique est plus efficace. Pour Du Bellay comme pour son modèle Ovide, l'auteur des *Tristes*, la poésie est en effet un *charme apaisant*, longuement évoqué dans les strophes *A Monsieur d'Avanson*.

A écrire ces deux recueils, le poète a sans doute connu le plaisir de se plaindre. Fondamentale et donc inexplicable, puisqu'elle ne se réduit pas à des causes précises, l'inquiétude de Du Bellay ne peut s'exprimer dans la prose quotidienne. Mais la poésie dispose d'autres moyens, et constitue le seul remède à cette nostalgie inguérissable :

« Les vers chantent pour moi ce que dire je n'ose. » Cette intimité poétique lui permet d'entendre sa tristesse. Dans les *Antiquitez* et dans les *Regrets*, il en charge certains mots, comme s'ils pouvaient le libérer. Ces litanies plaintives

> La peine et le malheur d'une espérance vaine,
> La douleur, le soucy, les regrets, les ennuis,

épurent sa souffrance par le chant. La création poétique projette également les malheurs de l'exilé dans des images qui extériorisent sa douleur, l'agneau égaré ou les cygnes « bien loin sur un estang ».

La poésie lui permet aussi d'échapper dans une certaine mesure à la solitude. Du Bellay appartient en effet à cette catégorie de tempéraments nostalgiques qui cherchent autour d'eux d'autres peines à partager, et qui écoutent en autrui l'écho de leur propre tristesse, non sans douceur. Il s'adresse à des compagnons, comme lui sevrés du pays natal, et ces dédicaces fréquentes dans les *Regrets* brisent le cercle de l'exil. La légende lui offre d'autres exemples de grands malchanceux, ses frères dans le malheur : les guerriers du siège de Troie, Ulysse,

Orphée. Mythologie familière et affective, bien diffé-
rente des fables pompeuses auxquelles la Pléiade avait
recours dans ses premières œuvres. Cette communion
dans la tristesse est analogue à la mélancolie partagée du
XVᵉ sonnet des *Antiquitez*, où le poète ressent la peine
des esprits romains. Car les deux recueils ont en commun une jouissance triste. Du Bellay découvre dans les
malheurs de la Rome antique le sort qui menace tous les
humains : en plaignant autrui, il s'apitoie sur lui-même.
Beaucoup plus complexe dans les *Antiquitez* que dans
leurs modèles néo-latins, le sentiment des ruines ne naît
pas seulement d'une tristesse directe devant les vestiges
romains, mais aussi du besoin de bercer sa propre mélancolie, congénitale, dans l'évocation d'une autre douleur.

Mais la poésie lui offre surtout les joies de l'imagination, même si le souvenir est toujours mêlé de quelque
amertume. Dans les *Antiquitez*, c'est la Muse qui lui res-
titue la Rome triomphante, invisible aux touristes du
forum, et recréée par le verbe. Une Rome impériale, libé-
rée de toutes limites spatiales, et dont le pouvoir égal au
monde est évoqué grâce au mythe, au symbole, et à un
ensemble de thèmes poétiques : la rondeur du globe, la
puissance sur terre et sur mer, l'élan vers les cieux. C'est
encore la poésie qui permet à l'auteur des *Regrets* de
refaire en esprit le trajet d'Italie en France (s. *A son
livre*). Dans le sonnet XXXI, il retrouve la présence de
son village, directe, ressentie par l'affectivité, comme le
révèlent certains détails — la cheminée qui fume et le
toit d'ardoise — et l'emploi des adjectifs possessifs. La
Muse l'entraîne dans le seul voyage qui lui plaise, vers
son pays et vers son passé, puisqu'il est de ces mauvais
touristes qui partent pour le plaisir du retour. Loin des
« Hyperborez », elle le ramène dans son monde intérieur,
où subsiste un peu de la chaleur natale. Elle substitue à
la réalité un paysage intérieur qui inverse tous les climats,
l'Italie devenant le grand Nord, et la France le pays des
coteaux ensoleillés (s. VIII). Il est heureux lorsqu'il
contemple la douceur angevine (s. XXXI).

La poésie l'a donc aidé à rejoindre parfois celui qu'il
aurait dû être, le poète entouré d'amis, soutenu par un
idéal, et blotti dans un monde sans trahison. Elle lui a
permis d'être lui-même, alors que la vie quotidienne ne
l'accomplissait pas. C'est en ce sens que les *Regrets*
expriment leur auteur, et qu'ils sont « les plus seurs

secretaires » de son cœur. Les quatre premiers sonnets du recueil définissent cette Muse nouvelle : est matière à poésie le moi profond de l'auteur. Il ne s'agit pas d'une poésie descriptive. Elle révèle l'essentiel, qui échappe à l'analyse et à l'expression directe. Inventant comme Verlaine la simplicité poétique, Du Bellay renonce à tout dire pour mieux suggérer

> Qui m'est une province, *et beaucoup davantage*

et confie le mystère de l'espoir à une image familière et discrète :

> Quand les neiges fondront au soleil du printemps.

Cette naïveté difficile, comme le reconnaît Du Bellay dans le deuxième sonnet, a d'ailleurs recours à l'artifice et au procédé. Ainsi s'expliquent les nombreux emprunts aux sonnets pétrarquistes, qui sont toutefois soumis à cette conception de la poésie, et entièrement recréés.

La vocation poétique lui est désormais indispensable, et Du Bellay en prend conscience. Il tremble de la perdre, au point que cette crainte le paralyse et provoque de brèves crises d'impuissance poétique (s. VI). Passagèrement privé de ce bien vital, il l'apprécie et l'évoque d'autant mieux.

Le regret mortel serait de n'être plus poète. Les autres sont de l'ordre de l'accidentel, et même la crainte de la mort, dont l'appel transfiguré se confond dans le seizième sonnet des *Regrets* avec le chant poétique.

Françoise JOUKOVSKY

LE PREMIER LIVRE

DES

ANTIQUITEZ DE ROME

CONTENANT

UNE GENERALE DESCRIPTION DE SA GRANDEUR ET COMME UNE DEPLORATION DE SA RUINE

PLUS
UN SONGE OU VISION SUR LE MESME SUBJECT

AU ROY

Ne vous pouvant donner ces ouvrages antiques
Pour vostre Sainct-Germain ou pour Fontainebleau,
Je les vous donne (Sire) en ce petit tableau
4 Peint, le mieux que j'ay peu, de couleurs poëtiques :

Qui mis sous vostre nom devant les yeux publiques,
Si vous le daignez voir en son jour le plus beau,
Se pourra bien vanter d'avoir hors du tumbeau
8 Tiré des vieux Romains les poudreuses reliques.

Que vous puissent les Dieux un jour donner tant d'heur,
De rebastir en France une telle grandeur
11 Que je la voudrois bien peindre en vostre langage :

Et peult estre qu'alors vostre grand' Majesté,
Repensant à mes vers, diroit qu'ilz ont esté
14 De vostre Monarchie un bienheureux presage.

I

Divins Esprits, dont la poudreuse cendre
Gist sous le faix de tant de murs couvers,
Non vostre loz, qui vif par voz beaux vers
4 Ne se verra sous la terre descendre,

Si des humains la voix se peult estendre
Depuis icy jusqu'au fond des enfers,
Soient à mon cry les abysmes ouvers,
8 Tant que d'abas vous me puissiez entendre.

Trois fois cernant sous le voile des cieux
De voz tumbeaus le tour devocieux,
11   A haulte voix trois fois je vous appelle :

J'invoque icy vostre antique fureur,
En ce pendant que d'une saincte horreur
14   Je vays chantant vostre gloire plus belle.

II

Le Babylonien ses haults murs vantera
Et ses vergers en l'air, de son Ephesienne
La Grece descrira la fabrique ancienne,
4 Et le peuple du Nil ses pointes chantera :

La mesme Grece encor vanteuse publira
De son grand Juppiter l'image Olympienne,
Le Mausole sera la gloire Carienne,
8 Et son vieux Labyrinth' la Crete n'oubliera :

L'antique Rhodien elevera la gloire
De son fameux Colosse, au temple de Memoire :
11 Et si quelque œuvre encor digne se peult vanter

De marcher en ce ranc, quelque plus grand' faconde
Le dira : quant à moy, pour tous je veulx chanter
14 Les sept costaux Romains, sept miracles du monde.

III

Nouveau venu, qui cherches Rome en Rome
Et rien de Rome en Rome n'apperçois,
Ces vieux palais, ces vieux arcz que tu vois,
4   Et ces vieux murs, c'est ce que Rome on nomme.

Voy quel orgueil, quelle ruine : et comme
Celle qui mist le monde sous ses loix,
Pour donter tout, se donta quelquefois,
8   Et devint proye au temps, qui tout consomme.

Rome de Rome est le seul monument,
Et Rome Rome a vaincu seulement.
11 Le Tybre seul, qui vers la mer s'enfuit,

Reste de Rome. O mondaine inconstance!
Ce qui est ferme, est par le temps destruit,
14 Et ce qui fuit, au temps fait resistence.

IV

Celle qui de son chef les estoilles passoit,
Et d'un pied sur Thetis, l'autre dessous l'Aurore,
D'une main sur le Scythe, et l'autre sur le More,
4 De la terre et du ciel la rondeur compassoit :

Juppiter ayant peur, si plus elle croissoit,
Que l'orgueil des Geans se relevast encore,
L'accabla sous ces monts, ces sept monts qui sont ore
8 Tumbeaux de la grandeur qui le ciel menassoit.

Il luy mist sur le chef la croppe Saturnale,
Puis dessus l'estomac assist la Quirinale,
11 Sur le ventre il planta l'antique Palatin,

Mist sur la dextre main la hauteur Celienne,
Sur la senestre assist l'eschine Exquilienne,
14 Viminal sur un pied, sur l'autre l'Aventin.

V

Qui voudra voir tout ce qu'ont peu nature,
L'art et le ciel (Rome) te vienne voir :
J'entens s'il peult ta grandeur concevoir
4   Par ce qui n'est que ta morte peinture.

Rome n'est plus : et si l'architecture
Quelque umbre encor de Rome fait revoir,
C'est comme un corps par magique sçavoir
8   Tiré de nuict hors de sa sepulture.

Le corps de Rome en cendre est devallé,
Et son esprit rejoindre s'est allé
11   Au grand esprit de ceste masse ronde.

Mais ses escripts, qui son loz le plus beau
Malgré le temps arrachent du tumbeau,
14   Font son idole errer parmy le monde.

VI

Telle que dans son char la Berecynthienne
Couronnee de tours, et joyeuse d'avoir
Enfanté tant de Dieux, telle se faisait voir
4 En ses jours plus heureux ceste ville ancienne :

Ceste ville, qui fut plus que la Phrygienne
Foisonnante en enfans, et de qui le pouvoir
Fut le pouvoir du monde, et ne se peut revoir
8 Pareille à sa grandeur, grandeur sinon la sienne.

Rome seule pouvoit à Rome ressembler,
Rome seule pouvoit Rome faire trembler :
11 Aussi n'avoit permis l'ordonnance fatale

Qu'autre pouvoir humain, tant fust audacieux,
Se vantast d'égaler celle qui fit égale
14 Sa puissance à la terre et son courage aux cieux.

VII

Sacrez costaux, et vous sainctes ruines,
Qui le seul nom de Rome retenez,
Vieux monuments, qui encor soustenez
4   L'honneur poudreux de tant d'ames divines :

Arcz triomphaux, pointes du ciel voisines,
Qui de vous voir le ciel mesme estonnez,
Las, peu à peu cendre vous devenez,
8   Fable du peuple et publiques rapines !

Et bien qu'au temps pour un temps facent guerre
Les bastimens, si est-ce que le temps
11   Œuvres et noms finablement atterre.

Tristes desirs, vivez donques contents :
Car si le temps finist chose si dure,
14   Il finira la peine que j'endure.

VIII

Par armes et vaisseaux Rome donta le monde,
Et pouvoit on juger qu'une seule cité
Avoit de sa grandeur le terme limité
4 Par la mesme rondeur de la terre et de l'onde.

Et tant fut la vertu de ce peuple feconde
En vertueux nepveux, que sa posterité
Surmontant ses ayeux en brave auctorité,
8 Mesura le hault ciel à la terre profonde :

Afin qu'ayant rangé tout pouvoir sous sa main,
Rien ne peust estre borne à l'empire Romain :
11 Et que, si bien le temps destruit les Republiques,

Le temps ne mist si bas la Romaine hauteur,
Que ie chef deterré aux fondemens antiques,
14 Qui prindrent nom de luy, fust découvert menteur.

IX

Astres cruelz, et vous Dieux inhumains,
Ciel envieux, et marastre Nature,
Soit que par ordre ou soit qu'à l'aventure
4   Voyse le cours des affaires humains,

Pourquoy jadis ont travaillé voz mains
A façonner ce monde qui tant dure ?
Ou que ne fut de matiere aussi dure
8   Le brave front de ces palais Romains ?

Je ne dy plus la sentence commune,
Que toute chose au dessous de la Lune
11   Est corrompable et sugette à mourir :

Mais bien je dy (et n'en veuille desplaire
A qui s'efforce enseigner le contraire)
14   Que ce grand Tout doit quelquefois perir.

X

Plus qu'aux bords Aetëans le brave filz d'Aeson,
Qui par enchantement conquist la riche laine,
Des dents d'un vieil serpent ensemençant la plaine
4   N'engendra de soldatz au champ de la toison,

Ceste ville, qui fut en sa jeune saison
Un hydre de guerriers, se vid bravement pleine
De braves nourrissons, dont la gloire hautaine
8   A remply du Soleil l'une et l'autre maison :

Mais qui finablement, ne se trouvant au monde
Hercule qui dontast semence tant feconde,
11   D'une horrible fureur l'un contre l'autre armez,

Se moissonnarent tous par un soudain orage,
Renouvelant entre eulx la fraternelle rage
14   Qui aveugla jadis les fiers soldatz semez.

XI

Mars vergongneux d'avoir donné tant d'heur
A ses nepveux, que l'impuissance humaine
Enorgueillie en l'audace Romaine
4   Sembloit fouler la celeste grandeur,

Refroidissant ceste premiere ardeur,
Dont le Romain avoit l'ame si pleine,
Souffla son feu, et d'une ardente haleine
8   Vint eschauffer la Gottique froideur.

Ce peuple adonc, nouveau fils de la Terre,
Dardant par tout les fouldres de la guerre,
11   Ces braves murs accabla sous sa main,

Puis se perdit dans le sein de sa mere,
Afin que nul, fust-ce des Dieux le pere,
14   Se peust vanter de l'empire Romain.

XII

Telz que lon vid jadis les enfans de la Terre
Plantez dessus les monts pour escheller les cieux,
Combattre main à main la puissance des Dieux,
4 Et Juppiter contre eux, qui ses fouldres desserre :

Puis tout soudainement renversez du tonnerre
Tumber deça dela ces squadrons furieux,
La Terre gemissante, et le Ciel glorieux
8 D'avoir à son honneur achevé ceste guerre :

Tel encor' on a veu par dessus les humains
Le front audacieux des sept costaux Romains
11 Lever contre le ciel son orgueilleuse face :

Et telz ores on void ces champs deshonnorez
Regretter leur ruine, et les Dieux asseurez
14 Ne craindre plus la hault si effroyable audace.

XIII

Ny la fureur de la flamme enragee,
Ny le trenchant du fer victorieux,
Ny le degast du soldat furieux,
4   Qui tant de fois (Rome) t'a saccagee,

Ny coup sur coup ta fortune changee,
Ny le ronger des siecles envieux,
Ny le despit des hommes et des Dieux,
8   Ny contre toy ta puissance rangee,

Ny l'esbranler des vents impetueux,
Ny le débord de ce Dieu tortueux,
11   Qui tant de fois t'a couvert de son onde,

Ont tellement ton orgueil abbaissé,
Que la grandeur du rien qu'ilz t'ont laissé
14   Ne face encor' esmerveiller le monde.

XIV

Comme on passe en æsté le torrent sans danger,
Qui souloit en hyver estre roy de la plaine,
Et ravir par les champs d'une fuite hautaine
4 L'espoir du laboureur et l'espoir du berger :

Comme on void les coüards animaux oultrager
Le courageux lyon gisant dessus l'arene,
Ensanglanter leurs dents, et d'une audace vaine
8 Provoquer l'ennemy qui ne se peult venger :

Et comme devant Troye on vid des Grecz encor
Braver les moins vaillans autour du corps d'Hector :
11 Ainsi ceulx qui jadis souloient, à teste basse,

Du triomphe Romain la gloire accompagner,
Sur ces pouldreux tumbeaux exercent leur audace,
14 Et osent les vaincuz les vainqueurs desdaigner.

XV

Palles Esprits, et, vous Umbres poudreuses,
Qui jouissant de la clarté du jour
Fistes sortir cet orgueilleux sejour,
4   Dont nous voyons les reliques cendreuses :

Dictes, Esprits (ainsi les tenebreuses
Rives de Styx non passable au retour,
Vous enlassant d'un trois fois triple tour,
8   N'enferment point voz images umbreuses)

Dictes moy donc (car quelqu'une de vous
Possible encor se cache icy dessous)
11   Ne sentez vous augmenter vostre peine,

Quand quelquefois de ces costaux Romains
Vous contemplez l'ouvrage de voz mains
14   N'estre plus rien qu'une pouldreuse plaine ?

XVI

Comme lon void de loing sur la mer courroucee
Une montagne d'eau d'un grand branle ondoyant,
Puis trainant mille flotz, d'un gros choc abboyant
4 Se crever contre un roc, ou le vent l'a poussee :

Comme on void la fureur par l'Aquilon chassee
D'un sifflement aigu l'orage tournoyant,
Puis d'une aelle plus large en l'air s'esbanoyant
8 Arrester tout à coup sa carriere lassee :

Et comme on void la flamme ondoyant en cent lieux
Se rassemblant en un, s'aguiser vers les cieux,
11 Puis tumber languissante : ainsi parmy le monde

Erra la Monarchie : et croissant tout ainsi
Qu'un flot, qu'un vent, qu'un feu, sa course vagabonde
14 Par un arrest fatal s'est venue perdre icy.

XVII

Tant que l'oyseau de Juppiter vola,
Portant le feu dont le ciel nous mcnace,
Le ciel n'eut peur de l'effroyable audace
4   Qui des Geans le courage affolla :

Mais aussi tost que le Soleil brusla
L'aelle qui trop se fit la terre basse,
La terre mist hors de sa lourde masse
8   L'antique horreur qui le droit viola.

Alors on vid la corneille Germaine
Se deguisant feindre l'aigle Romaine,
11   Et vers le ciel s'eslever de rechef

Ces braves monts autrefois mis en pouldre,
Ne voyant plus voler dessus leur chef
14   Ce grand oyseau ministre de la fouldre.

XVIII

Ces grands monceaux pierreux, ces vieux murs que tu
                                                   [vois,
Furent premierement le cloz d'un lieu champestre :
Et ces braves palais, dont le temps s'est fait maistre,
4 Cassines de pasteurs ont esté quelquefois.

Lors prindrent les bergers les ornemens des Roys,
Et le dur laboureur de fer arma sa dextre :
Puis l'annuel pouvoir le plus grand se vid estre,
8 Et fut encor plus grand le pouvoir de six mois :

Qui, fait perpetuel, creut en telle puissance,
Que l'aigle Impérial de luy print sa naissance :
11 Mais le Ciel s'opposant à tel accroissement,

Mist ce pouvoir es mains du successeur de Pierre,
Qui sous nom de pasteur, fatal à ceste terre,
14 Monstre que tout retourne à son commencement.

XIX

Tout le parfait dont le ciel nous honnore,
Tout l'imperfait qui naist dessous les cieux,
Tout ce qui paist noz esprits et noz yeux,
4   Et tout cela qui noz plaisirs devore :

Tout le malheur qui nostre aage dedore,
Tout le bonheur des siecles les plus vieux,
Rome du temps de ses premiers ayeux
8   Le tenoit clos, ainsi qu'une Pandore.

Mais le Destin débrouillant ce Chaos,
Ou tout le bien et le mal fut enclos,
11   A fait depuis que les vertus divines

Volant au ciel ont laissé les pechez,
Qui jusq'icy se sont tenus cachez
14   Sous les monceaux de ces vieilles ruines.

XX

Non autrement qu'on void la pluvieuse nüe
Des vapeurs de la terre en l'air se soulever,
Puis se courbant en arc, à fin de s'abrever,
4 Se plonger dans le sein de Thetis la chenue,

Et montant derechef d'ou elle estoit venue,
Sous un grand ventre obscur tout le monde couver,
Tant que finablement on la void se crever,
8 Or' en pluie, or' en neige, or' en gresle menue :

Ceste ville qui fut l'ouvrage d'un pasteur,
S'elevant peu à peu, creut en telle hauteur,
11 Que royne elle se vid de la terre et de l'onde :

Tant que ne pouvant plus si grand faix soustenir,
Son pouvoir dissipé s'écarta par le monde,
14 Monstrant que tout en rien doit un jour devenir.

XXI

Celle que Pyrrhe et le Mars de Libye
N'ont sceu donter, celle brave cité
Qui d'un courage au mal exercité
4   Soustint le choc de la commune envie,

Tant que sa nef par tant d'ondes ravie
Eut contre soy tout le monde incité,
On n'a point veu le roc d'adversité
8   Rompre sa course heureusement suivie :

Mais défaillant l'object de sa vertu,
Son pouvoir s'est de luymesme abbatu,
11   Comme celuy que le cruel orage

A longuement gardé de faire abbord,
Si trop grand vent le chasse sur le port,
14   Dessus le port se void faire naufrage.

XXII

Quand ce brave sejour, honneur du nom Latin,
Qui borna sa grandeur d'Afrique et de la Bize,
De ce peuple qui tient les bords de la Tamize,
4 Et de celuy qui void esclore le matin,

Anima contre soy d'un courage mutin
Ses propres nourrissons, sa despouille conquise,
Qu'il avoit par tant d'ans sur tout le monde acquise,
8 Devint soudainement du monde le butin :

Ainsi quand du grand Tout la fuite retournee,
Ou trentesix mil'ans ont sa course bornee,
11 Rompra des elemens le naturel accord,

Les semences qui sont meres de toutes choses,
Retourneront encor' à leur premier discord,
14 Au ventre du Chaos eternellement closes.

XXIII

O que celuy estoit cautement sage,
Qui conseilloit, pour ne laisser moisir
Ses citoyens en paresseux loisir,
4   De pardonner aux rampars de Cartage !

Il prevoyait que le Romain courage,
Impatient du languissant plaisir,
Par le repos se laisseroit saisir
8   A la fureur de la civile rage.

Aussi void-on qu'en un peuple ocieux,
Comme l'humeur en un corps vicieux,
11   L'ambition facilement s'engendre.

Ce qui advint, quand l'envieux orgueil
De ne vouloir ny plus grand ny pareil
14   Rompit l'accord du beaupere et du gendre.

XXIV

Si l'aveugle fureur, qui cause les batailles,
Des pareilz animaux n'a les cœurs allumez,
Soient ceulx qui vont courant ou soient les emplumez,
4 Ceulx-là qui vont rampant ou les armez d'escailles :

Quelle ardente Erinnys de ses rouges tenailles
Vous pinsetoit les cœurs de rage envenimez,
Quand si cruellement l'un sur l'autre animez
8 Vous destrempiez le fer en voz propres entrailles ?

Estoit-ce point (Romains) vostre cruel destin,
Ou quelque vieil peché qui d'un discord mutin
11 Exerçoit contre vous sa vengeance eternelle ?

Ne permettant des Dieux le juste jugement,
Vos murs ensanglantez par la main fraternelle
14 Se pouvoir asseurer d'un ferme fondement.

XXV

Que n'ay-je encor la harpe Thracienne,
Pour réveiller de l'enfer paresseux
Ces vieux Cesars, et les Umbres de ceux
4   Qui ont basty ceste ville ancienne ?

Ou que je n'ay celle Amphionienne,
Pour animer d'un accord plus heureux
De ces vieux murs les ossemens pierreux,
8   Et restaurer la gloire Ausonienne ?

Peusse-je aumoins d'un pinceau plus agile
Sur le patron de quelque grand Virgile
11   De ces palais les protraits façonner :

J'entreprendrois, veu l'ardeur qui m'allume,
De rebastir au compas de la plume
14   Ce que les mains ne peuvent maçonner.

XXVI

Qui voudroit figurer la Romaine grandeur
En ses dimensions, il ne luy faudroit querre
A la ligne et au plomb, au compas, à l'equerre,
4 Sa longueur et largeur, hautesse et profondeur :

Il luy faudroit cerner d'une egale rondeur
Tout ce que l'Ocean de ses longs bras enserre,
Soit ou l'Astre annuel eschauffe plus la terre,
8 Soit ou soufle Aquilon sa plus grande froideur.

Rome fut tout le monde, et tout le monde est Rome.
Et si par mesmes noms mesmes choses on nomme,
11 Comme du nom de Rome on se pourroit passer,

La nommant par le nom de la terre et de l'onde :
Ainsi le monde on peult sur Rome compasser,
14 Puis que le plan de Rome est la carte du monde.

XXVII

Toy qui de Rome emerveillé contemples
L'antique orgueil, qui menassoit les cieux,
Ces vieux palais, ces monts audacieux,
4   Ces murs, ces arcs, ces thermes et ces temples,

Juge, en voyant ces ruines si amples,
Ce qu'a rongé le temps injurieux,
Puis qu'aux ouvriers les plus industrieux
8   Ces vieux fragments encor servent d'exemples.

Regarde apres, comme de jour en jour
Rome fouillant son antique sejour,
11   Se rebatist de tant d'œuvres divines :

Tu jugeras que le demon Romain
S'efforce encor d'une fatale main
14   Ressusciter ces pouldreuses ruines.

XXVIII

Qui a veu quelquefois un grand chesne asseiché,
Qui pour son ornement quelque trophee porte,
Lever encor' au ciel sa vieille teste morte,
4 Dont le pied fermement n'est en terre fiché,

Mais qui dessus le champ plus qu'à demy panché
Monstre ses bras tous nuds et sa racine torte,
Et sans fueille umbrageux, de son poix se supporte
8 Sur son tronc noüailleux en cent lieux esbranché :

Et bien qu'au premier vent il doive sa ruine,
Et maint jeune à l'entour ait ferme la racine,
11 Du devot populaire estre seul reveré :

Qui tel chesne a peu voir, qu'il imagine encores
Comme entre les citez, qui plus florissent ores,
14 Ce vieil honneur pouldreux est le plus honnoré.

XXIX

Tout ce qu'Egypte en poincte façonna,
Tout ce que Grece à la Corinthienne,
A l'Ionique, Attique ou Dorienne,
4   Pour l'ornement des temples maçonna :

Tout ce que l'art de Lysippe donna,
La main d'Appelle ou la main Phidienne,
Souloit orner ceste ville ancienne,
8   Dont la grandeur le ciel mesme estonna :

Tout ce qu'Athene' eut onques de sagesse,
Tout ce qu'Asie eut onques de richesse,
11   Tout ce qu'Afrique eut onques de nouveau,

S'est veu icy. O merveille profonde !
Rome vivant fut l'ornement du monde,
14   Et morte elle est du monde le tumbeau.

XXX

Comme le champ semé en verdure foisonne,
De verdure se haulse en tuyau verdissant,
De tuyau se herisse en epic florissant,
4 D'epic jaunit en grain, que le chauld assaisonne :

Et comme en la saison le rustique moissonne
Les undoyans cheveux du sillon blondissant,
Les met d'ordre en javelle, et du blé jaunissant
8 Sur le champ despouillé mille gerbes façonne :

Ainsi de peu à peu creut l'Empire Romain,
Tant qu'il fut despouillé par la Barbare main,
11 Qui ne laissa de luy que ces marques antiques,

Que chacun va pillant : comme on void le gleneur
Cheminant pas à pas recueillir les reliques
14 De ce qui va tumbant apres le moissonneur.

XXXI

De ce qu'on ne void plus qu'une vague campaigne,
Ou tout l'orgueil du monde on a veu quelquefois,
Tu n'en es pas coulpable, ô quiconques tu sois
4 Que le Tygre et le Nil, Gange et Euphrate baigne :

Coulpables n'en sont pas l'Afrique ny l'Espaigne,
Ny ce peuple qui tient les rivages Anglois,
Ny ce brave soldat qui boit le Rhin Gaulois,
8 Ny cet autre guerrier, nourrisson d'Alemaigne.

Tu en es seule cause, ô civile fureur,
Qui semant par les champs l'Emathienne horreur,
11 Armas le propre gendre encontre son beaupere :

Afin qu'estant venue à son degré plus hault,
La Romaine grandeur, trop longuement prospere,
14 Se vist ruer à bas d'un plus horrible sault.

XXXII

Esperez vous que la posterité
Doive (mes vers) pour tout jamais vous lire ?
Esperez vous que l'œuvre d'une lyre
4 Puisse acquerir telle immortalité ?

Si sous le ciel fust quelque eternité,
Les monuments que je vous ay fait dire,
Non en papier, mais en marbre et porphyre,
8 Eussent gardé leur vive antiquité.

Ne laisse pas toutefois de sonner,
Luth, qu'Apollon m'a bien daigné donner :
11 Car si le temps ta gloire ne desrobbe,

Vanter te peuls, quelque bas que tu sois,
D'avoir chanté, le premier des François,
14 L'antique honneur du peuple à longue robbe.

SONGE

I

C'estoit alors que le present des Dieux
Plus doulcement s'écoule aux yeux de l'homme,
Faisant noyer dedans l'oubly du somme
4 Tout le soucy du jour laborieux,

Quand un Demon apparut à mes yeux
Dessus le bord du grand fleuve de Rome,
Qui m'appellant du nom dont je me nomme,
8 Me commanda regarder vers les cieux :

Puis m'escria : Voy (dit-il) et contemple
Tout ce qui est compris sous ce grand temple,
11 Voy comme tout n'est rien que vanité.

Lors cognoissant la mondaine inconstance,
Puis que Dieu seul au temps fait resistance,
14 N'espere rien qu'en la divinité.

II

Sur la croppe d'un mont je vis une Fabrique
De cent brasses de hault : cent columnes d'un rond
Toutes de diamant ornoient le brave front :
4 Et la façon de l'œuvre estoit à la Dorique.

La muraille n'estoit de marbre ny de brique,
Mais d'un luisant crystal, qui du sommet au fond
Elançoit mille rayz de son ventre profond
8 Sur cent degrez dorez du plus fin or d'Afrique.

D'or estoit le lambriz, et le sommet encor
Reluisoit escaillé de grandes lames d'or :
11 Le pavé fut de jaspe et d'esmeraulde fine.

O vanité du monde! un soudain tremblement
Faisant crouler du mont la plus basse racine,
14 Renversa ce beau lieu depuis le fondement.

III

Puis m'apparut une Poincte aguisee
D'un diamant de dix piedz en carré,
A sa hauteur justement mesuré,
4   Tant qu'un archer pourroit prendre visee.

Sur ceste poincte une urne fut posee
De ce metal sur tous plus honnoré :
Et reposoit en ce vase doré
8   D'un grand Cesar la cendre composee.

Aux quatre coings estoient couchez encor
Pour pedestal quatre grands lyons d'or,
11   Digne tumbeau d'une si digne cendre.

Las, rien ne dure au monde que torment!
Je vy du ciel la tempeste descendre,
14   Et fouldroyer ce brave monument.

IV

Je vy hault eslevé sur columnes d'ivoire,
Dont les bases estoient du plus riche metal,
A chapiteaux d'albastre et frizes de crystal,
4 Le double front d'un arc dressé pour la memoire.

A chaque face estoit protraicte une victoire,
Portant aelles au doz, avec habit nymphal,
Et hault assise y fut sur un char triomphal
8 Des Empereurs Romains la plus antique gloire.

L'ouvrage ne monstroit un artifice humain,
Mais sembloit estre fait de celle propre main
11 Qui forge en aguisant la paternelle fouldre.

Las, je ne veulx plus voir rien de beau sous les cieux,
Puis qu'un œuvre si beau j'ay veu devant mes yeux
14 D'une soudaine cheute estre reduict en pouldre.

V

Et puis je vy l'Arbre Dodonien
Sur sept costaux espandre son umbrage,
Et les vainqueurs ornez de son fueillage
4   Dessus le bord du fleuve Ausonien.

Là fut dressé maint trophee ancien,
Mainte despouille, et maint beau tesmoignage
De la grandeur de ce brave lignage
8   Qui descendit du sang Dardanien.

J'estois ravy de voir chose si rare,
Quand de paisans une troppe barbare
11   Vint oultrager l'honneur de ces rameaux.

J'ouy le tronc gemir sous la congnee,
Et vy depuis la souche desdaignee
14   Se reverdir en deux arbres jumeaux.

VI

Une Louve je vy sous l'antre d'un rocher
Allaictant deux bessons : je vis à sa mamelle
Mignardement joüer ceste couple jumelle,
4 Et d'un col allongé la Louve les lecher.

Je la vy hors de là sa pasture chercher,
Et courant par les champs, d'une fureur nouvelle
Ensanglanter la dent et la patte cruelle
8 Sur les menus troppeaux pour sa soif estancher.

Je vy mille veneurs descendre des montagnes
Qui bornent d'un costé les Lombardes campagnes,
11 Et vy de cent espieux luy donner dans le flanc.

Je la vy de son long sur la plaine estendue,
Poussant mille sanglotz, se veautrer en son sang,
14 Et dessus un vieux tronc la despouille pendue.

VII

Je vy l'Oyseau, qui le Soleil contemple,
D'un foible vol au ciel s'avanturer,
Et peu à peu ses aelles asseurer,
4   Suivant encor le maternel exemple.

Je le vy croistre, et d'un voler plus ample
Des plus hauts monts la hauteur mesurer,
Percer la nuë, et ses aelles tirer
8   Jusques au lieu ou des Dieux est le temple.

Là se perdit : puis soudain je l'ay veu
Rouant par l'air en tourbillon de feu,
11   Tout enflammé sur la plaine descendre.

Je vy son corps en poudre tout reduit,
Et vy l'oyseau, qui la lumiere fuit,
14   Comme un vermet renaistre de sa cendre.

VIII

Je vis un fier Torrent, dont les flots escumeux
Rongeoient les fondemens d'une vieille ruine :
Je le vy tout couvert d'une obscure bruine,
4 Qui s'élevoit par l'air en tourbillons fumeux :

Dont se formoit un corps à sept chefz merveilleux,
Qui villes et chasteaux couvoit sous sa poittrine,
Et sembloit devorer d'une egale rapine
8 Les plus doulx animaux et les plus orgueilleux.

J'estois emerveillé de voir ce monstre enorme
Changer en cent façons son effroyable forme,
11 Lors que je vy sortir d'un antre Scythien

Ce vent impetueux, qui soufle la froidure,
Dissiper ces nuaux, et en si peu que rien
14 S'esvanouïr par l'air ceste horrible figure.

IX

Tout effroyé de ce monstre nocturne,
Je vis un Corps hydeusement nerveux,
A longue barbe, à long flottans cheveux,
4   A front ridé et face de Saturne :

Qui s'accoudant sur le ventre d'une urne,
Versoit une eau, dont le cours fluctueux
Alloit baignant tout ce bord sinueux
8   Ou le Troyen combattit contre Turne.

Dessous ses piedz une Louve allaictoit
Deux enfançons : sa main dextre portoit
11   L'arbre de paix, l'autre la palme forte :

Son chef estoit couronné de laurier.
Adonc luy cheut la palme et l'olivier,
14   Et du laurier la branche devint morte.

X

Sur la rive d'un fleuve une Nymphe esploree,
Croisant les bras au ciel avec mille sanglotz,
Accordoit ceste plainte au murmure des flotz,
4 Oultrageant son beau teinct et sa tresse doree :

Las, ou est maintenant ceste face honoree,
Ou est ceste grandeur et cest antique los,
Ou tout l'heur et l'honneur du monde fut enclos,
8 Quand des hommes j'estois et des Dieux adoree ?

N'estoit-ce pas assez que le discord mutin
M'eut fait de tout le monde un publique butin,
11 Si cest Hydre nouveau, digne de cent Hercules,

Foisonnant en sept chefz de vices monstrueux,
Ne m'engendroit encor à ces bords tortueux
14 Tant de cruelz Nerons et tant de Caligules ?

XI

Dessus un mont une Flamme allumee
A triple poincte ondoyoit vers les cieux,
Qui de l'encens d'un cedre precieux
4 Parfumoit l'air d'une odeur embasmee.

D'un blanc oyseau l'aelle bien emplumee
Sembloit voler jusqu'au sejour des Dieux,
Et dégoisant un chant melodieux
8 Montoit au ciel avecques la fumee.

De ce beau feu les rayons escartez
Lançoient par tout mille et mille clartez,
11 Quand le degout d'une pluie doree

Le vint esteindre. O triste changement !
Ce qui sentoit si bon premierement
14 Fut corrompu d'une odeur sulphuree.

XII

Je vy sourdre d'un roc une vive Fontaine,
Claire comme crystal aux rayons du Soleil,
Et jaunissant au fond d'un sablon tout parei
4 A celuy que Pactol' roule parmy la plaine.

Là sembloit que nature et l'art eussent pris peine
D'assembler en un lieu tous les plaisirs de l'œil :
Et là s'oyoit un bruit incitant au sommeil,
8 De cent accords plus doulx que ceulx d'une Sirene.

Les sieges et relaiz luisoient d'ivoire blanc,
Et cent Nymphes autour se tenoient flanc à flanc,
11 Quand des monts plus prochains de Faunes une suyte

En effroyables criz sur le lieu s'assembla,
Qui de ses villains piedz la belle onde troubla,
14 Mist les sieges par terre et les Nymphes en fuyte.

XIII

Plus riche assez que ne se monstroit celle
Qui apparut au triste Florentin,
Jettant ma veüe au rivage Latin,
4 Je vy de loing surgir une Nasselle :

Mais tout soudain la tempeste cruelle,
Portant envie à si riche butin,
Vint assaillir d'un Aquilon mutin
8 La belle Nef des autres la plus belle.

Finablement l'orage impetueux
Fit abysmer d'un gouphre tortueux
11 La grand'richesse à nulle autre seconde.

Je vy sous l'eau perdre le beau thresor,
La belle Nef, et les Nochers encor,
14 Puis vy la Nef se ressourdre sur l'onde.

XIV

Ayant tant de malheurs gemy profondement,
Je vis une Cité quasi semblable à celle
Que vit le messager de la bonne nouvelle,
4 Mais basty sur le sable estoit son fondement.

Il sembloit que son chef touchast au firmament,
Et sa forme n'estoit moins superbe que belle :
Digne, s'il en fut onc, digne d'estre immortelle,
8 Si rien dessous le ciel se fondoit fermement.

J'estois emerveillé de voir si bel ouvrage,
Quand du costé de Nort vint le cruel orage,
11 Qui souflant la fureur de son cœur despité

Sur tout ce qui s'oppose encontre sa venüe,
Renversa sur le champ, d'une pouldreuse nüe,
14 Les foibles fondemens de la grande Cité.

XV

Finablement sur le poinct que Morphee
Plus veritable apparoit à noz yeux,
Fasché de voir l'inconstance des cieux,
4   Je voy venir la sœur du grand Typhee :

Qui bravement d'un morion coeffee
En majesté sembloit egale aux Dieux,
Et sur le bord d'un fleuve audacieux
8   De tout le monde erigeoit un trophee.

Cent Roys vaincuz gemissoient à ses piedz,
Les bras aux doz honteusement liez :
11   Lors effroyé de voir telle merveille,

Le ciel encor je luy voy guerroyer,
Puis tout à coup je la voy fouldroyer,
14   Et du grand bruit en sursault je m'esveille.

LES REGRETS

AD LECTOREM

Quem, lector, tibi nunc damus libellum,
Hic fellisque simul, simulque mellis,
Permixtumque salis refert saporem.
Sigratum quid erit tuo palato,
Huc conviva veni : tibi haec parata est
Coena. Sin minus, hinc facesse, quaeso :
Ad hanc te volui haud vocare coenam.

A MONSIEUR D'AVANSON
CONSEILLER DU ROY EN SON PRIVE CONSEIL

Si je n'ay plus la faveur de la Muse,
Et si mes vers se trouvent imparfaits,
Le lieu, le temps, l'aage ou je les ay faits,
4 Et mes ennuis leur serviront d'cxcuse.

J'estois à Rome au milieu de la guerre,
Sortant desja de l'aage plus dispos,
A mes travaulx cherchant quelque repos,
8 Non pour louange ou pour faveur acquerre.

Ainsi voit-on celuy qui sur la plaine
Pique le bœuf, ou travaille au rampart,
Se resjouir, et d'un vers fait sans art
12 S'esvertuer au travail de sa peine.

Celuy aussi qui dessus la galere
Fait escumer les flots à l'environ,
Ses tristes chants accorde à l'aviron,
16 Pour esprouver la rame plus legere.

On dit qu'Achille en remaschant son ire
De tels plaisirs souloit s'entretenir,
Pour addoulcir le triste souvenir
20 De sa maistresse, aux fredons de sa lyre.

Ainsi flattoit le regret de la sienne
Pcrdue helas pour la seconde fois,
Cil qui jadis aux rochers et aux bois
24 Faisoit ouïr sa harpe thracienne.

La Muse ainsi me fait sur ce rivage,
Ou je languis banny de ma maison,
Passer l'ennuy de la triste saison,
28 Seule compagne à mon si long voyage.

La Muse seule au milieu des alarmes
Est assuree, et ne pallist de peur,
La Muse seule au milieu du labeur
32 Flatte la peine, et desseiche les larmes.

D'elle je tiens le repos et la vie,
D'elle j'apprens à n'estre ambitieux,
D'elle je tiens les saincts presens des Dieux,
36 Et le mespris de fortune et d'envie.

Aussi sait-elle, aiant des mon enfance
Tousjours guidé le cours de mon plaisir,
Que le devoir, non l'avare desir,
40 Si longuement me tient loing de la France.

Je voudrois bien (car poursuivre la Muse
J'ay sur mon doz chargé la pauvreté)
Ne m'estre au trac des neufs sœurs arresté,
44 Pour aller voir la source de Meduse.

Mais que feray-je afin d'eschapper d'elles ?
Leur chant flatteur a trompé mes esprits,
Et les appaz auxquels elles m'ont pris
48 D'un doulx lien ont englué mes aelles.

Non autrement que d'une doulce force
D'Ulysse estoient les compagnons liez,
Et sans penser aux travaulx oubliez
52 Aymaient le fruict qui leur servoit d'amorce.

Celuy qui a de l'amoureux breuvage
Gouste mal sain le poison doulx-amer,
Cognoit son mal, et contraint de l'aymer
56 Suit le lien qui le tient en servage.

Pour ce me plaist la doulce poësie,
Et le doulx trait par qui je fus blessé :
Des le berceau la Muse m'a laissé
60 Cest aiguillon dedans la fantaisie.

Je suis content qu'on appelle folie
De noz esprits la saincte deité,
Mais ce n'est pas sans quelque utilité
64 Que telle erreur si doucement nous lie.

Elle éblouit les yeux de la pensee
Pour quelquefois ne voir nostre malheur,
Et d'un doulx charme enchante la douleur
68 Dont nuict et jour nostre ame est offensee.

Ainsi encor la vineuse prestresse,
Qui de ses criz Ide va remplissant,
Ne sent le coup du thyrse la blessant,
72 Et je ne sents le malheur qui me presse.

Quelqu'un dira : De quoy servent ces plainctes ?
Comme de l'arbre on voit naistre le fruict,
Ainsi les fruicts que la douleur produict,
76 Sont les souspirs et les larmes non feinctes.

De quelque mal un chacun se lamente,
Mais les moyens de plaindre sont divers :
J'ay, quant à moy, choisi celuy des vers,
80 Pour desaigrir l'ennuy qui me tormente.

Et c'est pourquoy d'une doulce satyre
Entremeslant les espines aux fleurs,
Pour ne fascher le monde de mes pleurs,
84 J'appreste icy le plus souvent à rire.

Or si mes vers meritent qu'on les loüe,
Ou qu'on les blasme, à vous seul entre tous
Je m'en rapporte icy, car c'est à vous,
88 A vous, Seigneur, à qui seul je les voüe :

Comme celuy qui avec la sagesse
Avez conjoint le droit et l'equité,
Et qui portez de toute antiquité
92 Joint à vertu le tiltre de noblesse :

Ne desdaignant, comme estoit la coustume,
Le long habit, lequel vous honnorez,
Comme celuy qui sage n'ignorez
96 De combien sert le conseil et la plume.

Ce fut pourquoy ce sage et vaillant Prince,
Vous honnorant du nom d'Ambassadeur,
Sur vostre doz deschargea sa grandeur,
100 Pour la porter en estrange province.

Recompensant d'un estat honnorable
Vostre service, et tesmoignant assez
Par le loyer de voz travaux passez,
104 Combien luy est tel service aggreable.

Qu'autant vous soit aggreable mon livre,
Que de bon cueur je le vous offre icy :
Du mesdisant j'auray peu de soucy,
108 Et seray seur à tout jamais de vivre.

condition, regret être en Italie pour son travail

A SON LIVRE

livre a une vie plus facile

Mon livre (et je ne suis sur ton aise envieux) *Paris*
Tu t'en iras sans moy voir la court de mon prince.
Hé chetif que je suis, combien en gré je prinsse,
4 Qu'un heur pareil au tien fust permis à mes yeux!

Là si quelqu'un vers toy se monstre gracieux, *hémi*
Souhaite luy qu'il vive heureux en sa province ; *← 12*
Mais si quelque malin obliquement te pince, *(like*
8 Souhaite luy tes pleurs, et mon mal ennuieux, *iambic pentameter but 2 more)*

Souhaitte luy encor' qu'il face un long voyage,
Et bien qu'il ait de veüe elongné son mesnage,
11 Que son cueur, ou qu'il voise, y soit tousjours present :

Souhaite qu'il vieillisse en longue servitude,
Qu'il n'esprouve à la fin que toute ingratitude,
14 Et qu'on mange son bien pendant qu'il est absent.

veut être reconnu pour sa poésie   *parle de ce qui se passe à lui (Bellay)*

I

Je ne veulx point fouiller au sein de la nature,
Je ne veulx point chercher l'esprit de l'univers,
Je ne veulx point sonder les abysmes couvers
4 Ny desseigner du ciel la belle architecture.

Je ne peins mes tableaux de si riche peinture,
Et si hauts arguments ne recherche à mes vers :
Mais suivant de ce lieu les accidents divers,
8 Soit de bien, soit de mal, j'escris à l'adventure.

Je me plains à mes vers, si j'ay quelque regret,
Je me ris avec eulx, je leur dy mon secret,
11 Comme estans de mon cœur les plus seurs secretaires.

Aussi ne veulx-je tant les pigner et friser,
Et de plus braves noms ne les veulx desguiser,
14 Que de papiers journaulx, ou bien de commentaires.

II

Un plus sçavant que moy (Paschal) ira songer
Aveques l'Ascrean dessus la double cyme :
Et pour estre de ceulx, dont on fait plus d'estime,
4 Dedans l'onde au cheval tout nud s'ira plonger.

Quant à moy, je ne veulx, pour un vers allonger,
M'accoursir le cerveau : ny pour polir ma ryme,
Me consumer l'esprit d'une songneuse lime,
8 Frapper dessus ma table, ou mes ongles ronger.

Aussi veulx-je (Paschal) que ce que je compose,
Soit une prose en ryme, ou une ryme en prose,
11 Et ne veulx pour cela le laurier meriter.

Et peult estre que tel se pense bien habile,
Qui trouvant de mes vers la ryme si facile,
14 En vain travaillera, me voulant imiter.

III

N'estant, comme je suis, encor' exercité
Par tant et tant de maulx au jeu de la Fortune,
Je suivois d'Apollon la trace non commune,
4 D'une saincte fureur sainctement agité.

Ores ne sentant plus ceste divinité,
Mais picqué du soucy qui fascheux m'importune,
Une adresse j'ay pris beaucoup plus opportune
8 A qui se sent forcé de la necessité.

Et c'est pourquoy (Seigneur) ayant perdu la trace,
Que suit vostre Ronsard par les champs de la Grace,
11 Je m'adresse ou je voy le chemin plus battu :

Ne me bastant le cœur, la force, ny l'haleine,
De suivre, comme luy, par sueur et par peine,
14 Ce penible sentier qui meine à la vertu.

IV

Je ne veulx feuilleter les exemplaires Grecs,
Je ne veulx retracer les beaux traicts d'un Horace,
Et moins veulx-je imiter d'un Petrarque la grace,
4 Ou la voix d'un Ronsard, pour chanter mes regrets.

Ceulx qui sont de Phœbus vrais poëtes sacrez,
Animeront leurs vers d'une plus grand' audace :
Moy, qui suis agité d'une fureur plus basse,
8 Je n'entre si avant en si profonds secretz.

Je me contenteray de simplement escrire
Ce que la passion seulement me fait dire,
11 Sans rechercher ailleurs plus graves arguments.

Aussi n'ay-je entrepris d'imiter en ce livre
Ceulx qui par leurs escripts se vantent de revivre,
14 Et se tirer tous vifz dehors des monuments.

V

Ceulx qui sont amoureux, leurs amours chanteront,
Ceulx qui ayment l'honneur, chanteront de la gloire,
Ceulx qui sont pres du Roy, publiront sa victoire,
4 Ceulx qui sont courtisans, leurs faveurs vanteront,

Ceulx qui ayment les arts, les sciences diront,
Ceulx qui sont vertueux, pour tels se feront croire,
Ceulx qui ayment le vin, deviseront de boire,
8 Ceulx qui sont de loisir, de fables escriront,

Ceulx qui sont mesdisans, se plairont à mesdire,
Ceulx qui sont moins fascheux, diront des mots pour rire,
11 Ceulx qui sont plus vaillans, vanteront leur valeur,

Ceulx qui se plaisent trop, chanteront leur louange,
Ceulx qui veulent flater, feront d'un diable un ange :
14 Moy qui suis malheureux, je plaindray mon malheur.

VI

Las, ou est maintenant ce mespris de Fortune ?
Ou est ce cœur vainqueur de toute adversité,
Cest honneste desir de l'immortalité,
4 Et ceste honneste flamme au peuple non commune ?

Ou sont ces doulx plaisirs, qu'au soir sous la nuict brune
Les Muses me donnoient, alors qu'en liberté
Dessus le verd tapy d'un rivage escarté
8 Je les menois danser aux rayons de la Lune ?

Maintenant la Fortune est maistresse de moy,
Et mon cœur qui souloit estre maistre de soy,
11 Est serf de mille maux et regrets qui m'ennuyent.

De la posterité je n'ay plus de souci,
Ceste divine ardeur, je ne l'ay plus aussi,
14 Et les Muses de moy, comme estranges, s'enfuyent.

VII

Ce pendant que la court mes ouvrages lisoit,
Et que la sœur du Roy, l'unique Marguerite,
Me faisant plus d'honneur que n'estoit mon merite,
4 De son bel œil divin mes vers favorisoit,

Une fureur d'esprit au ciel me conduisoit
D'une aelle qui la mort et les siecles evite,
Et le docte troppeau qui sur Parnasse habite,
8 De son feu plus divin mon ardeur attisoit.

Ores je suis muet, comme on voit la Prophete,
Ne sentant plus le Dieu, qui la tenoit sujette,
11 Perdre soudainement la fureur et la voix.

Et qui ne prend plaisir qu'un Prince luy commande ?
L'honneur nourrit les arts, et la Muse demande
14 Le theatre du peuple, et la faveur des Roys.

VIII

Ne t'esbahis (Ronsard) la moitié de mon ame,
Si de ton Du Bellay France ne lit plus rien,
Et si aveques l'air du ciel Italien
4 Il n'a humé l'ardeur qui l'Italie enflamme.

Le sainct rayon qui part des beaux yeux de ta dame,
Et la saincte faveur de ton Prince et du mien,
Cela (Ronsard) cela, cela merite bien
8 De t'eschauffer le cœur d'une si vive flamme.

Mais moy, qui suis absent des raiz de mon Soleil,
Comment puis-je sentir eschauffement pareil
11 A celuy qui est pres de sa flamme divine ?

Les costaux soleillez de pampre sont couvers,
Mais des Hyperborez les eternelz hyvers
14 Ne portent que le froid, la neige, et la bruine.

IX

France, mere des arts, des armes, et des loix,
Tu m'as nourry long temps du laict de ta mamelle :
Ores, comme un aigneau qui sa nourrice appelle,
4 Je remplis de ton nom les antres et les bois.

Si tu m'as pour enfant advoué quelquefois,
Que ne me respons-tu maintenant, ô cruelle ?
France, France, respons à ma triste querelle :
8 Mais nul, sinon Echo, ne respond à ma voix.

Entre les loups cruels j'erre parmy la plaine,
Je sens venir l'hyver, de qui la froide haleine
11 D'une tremblante horreur fait herisser ma peau.

Las tes autres aigneaux n'ont faute de pasture,
Ils ne craignent le loup, le vent, ny la froidure :
14 Si ne suis-je pourtant le pire du troppeau.

X

Ce n'est le fleuve Thusque au superbe rivage,
Ce n'est l'air des Latins, ny le mont Palatin,
Qui ores (mon Ronsard) me fait parler latin,
4 Changeant à l'estranger mon naturel langage.

C'est l'ennuy de me voir trois ans, et d'avantage,
Ainsi qu'un Promethé, cloué sur l'Aventin,
Ou l'espoir miserable et mon cruel destin,
8 Non le joug amoureux, me detient en servage.

Et quoy (Ronsard) et quoy, si au bord estranger
Ovide osa sa langue en barbare changer
11 Afin d'estre entendu, qui me pourra reprendre

D'un change plus heureux ? nul, puis que le François,
Quoy qu'au Grec et Romain egalé tu te sois,
14 Au rivage latin ne se peult faire entendre.

XI

Bien qu'aux arts d'Apollon le vulgaire n'aspire,
Bien que de tels tresors l'avarice n'ait soing,
Bien que de tels harnois le soldat n'ait besoing,
4 Bien que l'ambition tels honneurs ne desire :

Bien que ce soit aux grands un argument de rire,
Bien que les plus rusez s'en tiennent le plus loing,
Et bien que Du Bellay soit suffisant tesmoing,
8 Combien est peu prisé le mestier de la lyre :

Bien qu'un art sans profit ne plaise au courtisan,
Bien qu'on ne paye en vers l'œuvre d'un artisan,
11 Bien que la Muse soit de pauvreté suivie :

Si ne veulx-je pourtant delaisser de chanter,
Puis que le seul chant peult mes ennuys enchanter,
14 Et qu'aux Muses je doy bien six ans de ma vie.

XII

Veu le soing mesnager, dont travaillé je suis,
Veu l'importun souci, qui sans fin me tormente,
Et veu tant de regrets, desquels je me lamente,
4 Tu t'esbahis souvent comment chanter je puis.

Je ne chante (Magny) je pleure mes ennuys :
Ou, pour le dire mieulx, en pleurant je les chante,
Si bien qu'en les chantant, souvent je les enchante :
8 Voyla pourquoy (Magny) je chante jours et nuicts.

Ainsi chante l'ouvrier en faisant son ouvrage,
Ainsi le laboureur faisant son labourage,
11 Ainsi le pelerin regrettant sa maison,

Ainsi l'advanturier en songeant à sa dame,
Ainsi le marinier en tirant à la rame,
14 Ainsi le prisonnier maudissant sa prison.

XIII

Maintenant je pardonne à la doulce fureur,
Qui m'a fait consumer le meilleur de mon aage,
Sans tirer autre fruict de mon ingrat ouvrage,
4 Que le vain passetemps d'une si longue erreur.

Maintenant je pardonne à ce plaisant labeur,
Puis que seul il endort le soucy qui m'oultrage,
Et puis que seul il fait qu'au milieu de l'orage,
8 Ainsi qu'auparavant, je ne tremble de peur.

Si les vers ont esté l'abus de ma jeunesse,
Les vers seront aussi l'appuy de ma vieillesse :
11 S'ils furent ma folie, ils seront ma raison,

S'ils furent ma blessure, ils seront mon Achille,
S'ils furent mon venim, le scorpion utile,
14 Qui sera de mon mal la seule guerison.

XIV

Si l'importunité d'un crediteur me fasche,
Les vers m'ostent l'ennuy du fascheux crediteur :
Et si je suis fasché d'un fascheux serviteur,
4 Dessus les vers (Boucher) soudain je me défasche.

Si quelqu'un dessus moy sa cholere délasche,
Sur les vers je vomis le venim de mon cœur :
Et si mon foible esprit est recreu du labeur,
8 Les vers font que plus frais je retourne à ma tasche.

Les vers chassent de moy la molle oisiveté,
Les vers me font aymer la doulce liberté,
11 Les vers chantent pour moy ce que dire je n'ose.

Si donc j'en recueillis tant de profits divers,
Demandes-tu (Boucher) dequoy servent les vers,
14 Et quel bien je reçoy de ceulx que je compose ?

XV

Panjas, veulx-tu sçavoir quels sont mes passetemps ?
Je songe au lendemain, j'ay soing de la despense
Qui se fait chacun jour, et si fault que je pense
4 A rendre sans argent cent crediteurs contents :

Je vays, je viens, je cours, je ne perds point le temps,
Je courtise un banquier, je prens argent d'avance :
Quand j'ay despesché l'un, un autre recommence,
8 Et ne fais pas le quart de ce que je pretends.

Qui me presente un compte, une lettre, un memoire,
Qui me dit que demain est jour de consistoire,
11 Qui me rompt le cerveau de cent propos divers :

Qui se plaint, qui se deult, qui murmure, qui crie,
Aveques tout cela, dy (Panjas) je te prie,
14 Ne t'esbahis-tu point comment je fais des vers ?

XVI

Ce pendant que Magny suit son grand Avanson,
Panjas son Cardinal, et moy le mien encore,
Et que l'espoir flateur, qui noz beaux ans devore,
4 Appaste noz desirs d'un friand hamesson,

Tu courtises les Roys et d'un plus heureux son
Chantant l'heur de Henry, qui son siecle decore,
Tu t'honores toymesme, et celuy qui honore
8 L'honneur que tu luy fais par ta docte chanson.

Las, et nous ce pendant nous consumons nostre aage
Sur le bord incogneu d'un estrange rivage,
11 Ou le malheur nous fait ces tristes vers chanter :

Comme on voit quelquefois, quand la mort les appelle,
Arrangez flanc à flanc parmy l'herbe nouvelle,
14 Bien loing sur un estang trois cygnes lamenter.

XVII

Apres avoir long temps erré sur le rivage,
Ou lon voit lamenter tant de chetifs de court,
Tu as attaint le bord, ou tout le monde court,
4 Fuyant de pauvreté le penible servage.

Nous autres ce pendant, le long de ceste plage,
En vain tendons les mains vers le Nautonnier sourd,
Qui nous chasse bien loing : car, pour le faire court,
8 Nous n'avons un quatrin pour payer le naulage.

Ainsi donc tu jouis du repos bienheureux,
Et comme font là bas ces doctes amoureux,
11 Bien avant dans un bois te perds avec ta dame :

Tu bois le long oubly de tes travaux passez,
Sans plus penser en ceulx que tu as delaissez,
14 Criant dessus le port, ou tirant à la rame.

XVIII

Si tu ne sçais (Morel) ce que je fais icy,
Je ne fais pas l'amour, ny autre tel ouvrage :
Je courtise mon maistre, et si fais d'avantage,
4 Ayant de sa maison le principal soucy.

Mon Dieu (ce diras-tu) quel miracle est-ce cy,
Que de voir Du Bellay se mesler du mesnage,
Et composer des vers en un autre langage !
8 Les loups et les aigneaux s'accordent tout ainsi.

Voila que c'est (Morel) : la doulce poësie
M'accompagne par tout, sans qu'autre fantaisie
11 En si plaisant labeur me puisse rendre oisif.

Mais tu me respondras : Donne, si tu es sage,
De bonne heure congé au cheval qui est d'aage,
14 De peur qu'il ne s'empire, et devienne poussif.

XIX

Ce pendant que tu dis ta Cassandre divine,
Les louanges du Roy, et l'heritier d'Hector,
Et ce Montmorancy, nostre François Nestor,
4 Et que de sa faveur Henry t'estime digne :

Je me pourmene seul sur la rive Latine,
La France regretant, et regretant encor
Mes antiques amis, mon plus riche tresor,
8 Et le plaisant sejour de ma terre Angevine.

Je regrete les bois, et les champs blondissans
Les vignes, les jardins, et les prez verdissans,
11 Que mon fleuve traverse : icy pour recompense

Ne voyant que l'orgueil de ces monceaux pierreux,
Ou me tient attaché d'un espoir malheureux,
14 Ce que possede moins celuy qui plus y pense.

XX

Heureux, de qui la mort de sa gloire est suivie,
Et plus heureux celuy, dont l'immortalité
Ne prend commencement de la posterité,
4 Mais devant que la mort ait son ame ravie.

Tu jouis (mon Ronsard) mesmes durant ta vie,
De l'immortel honneur que tu as merité :
Et devant que mourir (rare felicité)
8 Ton heureuse vertu triomphe de l'envie.

Courage donc (Ronsard) la victoire est à toy.
Puis que de ton costé est la faveur du Roy :
11 Ja du laurier vainqueur tes temples se couronnent,

Et ja la tourbe espesse à l'entour de ton flanc
Resemble ces esprits, qui là-bas environnent
14 Le grand prestre de Thrace au long sourpely blanc.

XXI

Comtc, qui me fis onc compte de la grandeur,
Ton Du Bellay n'est plus : ce n'est plus qu'une souche,
Qui dessus un ruisseau d'un doz courbé se couche,
4 Et n'a plus rien de vif, qu'un petit de verdeur.

Si j'escry quelquefois, je n'escry point d'ardeur,
J'escry naïvement tout ce qu'au cœur me touche,
Soit de bien, soit de mal, comme il vient à la bouche,
8 En un stile aussi lent que lente est ma froideur.

Vous autres ce pendant, peintres de la nature,
Dont l'art n'est pas enclos dans une protraiture,
11 Contrefaites des vieux les ouvrages plus beaux.

Quant à moy, je n'aspire à si haulte louange,
Et ne sont mes protraits aupres de voz tableaux,
14 Non plus qu'est un Janet aupres d'un Michelange.

XXII

Ores, plus que jamais, me plaist d'aymer la Muse,
Soit qu'en François j'escrive, ou langage Romain,
Puis que le jugement d'un Prince tant humain,
4 De si grande faveur envers les lettres use.

Donq le sacré mestier, ou ton esprit s'amuse,
Ne sera desormais un exercice vain,
Et le tardif labeur, que nous promet ta main,
8 Desormais pour Francus n'aura plus nulle excuse.

Ce pendant (mon Ronsard) pour tromper mes ennuys,
Et non pour m'enrichir, je suivrai, si je puis,
11 Les plus humbles chansons de ta Muse lassee.

Aussi chascun n'a pas merité que d'un Roy
La liberalité luy face, comme à toy,
14 Ou son archet doré, ou sa lyre crossee.

XXIII

Ne lira-lon jamais que ce Dieu rigoureux ?
Jamais ne lira-lon que ceste Idaliene ?
Ne voira-lon jamais Mars sans la Cypriene ?
4 Jamais ne voira-lon que Ronsard amoureux ?

Retistra-lon tousjours, d'un tour laborieux,
Ceste toile, argument d'une si longue peine ?
Revoira-lon tousjours Oreste sur la scene ?
8 Sera tousjours Roland par amour furieux ?

Ton Francus, ce pendant, a beau haulser les voiles,
Dresser le gouvernail, espier les estoiles,
11 Pour aller ou il deust estre ancré desormais :

Il a le vent à gré, il est en equippage,
Il est encor pourtant sur le Troyen rivage,
14 Aussi croy-je (Ronsard) qu'il n'en partit jamais.

XXIV

Qu'heureux tu es (Baïf) heureux, et plus qu'heureux,
De ne suivre abusé ceste aveugle Deesse,
Qui d'un tour inconstant et nous haulse et nous baisse,
4 Mais cest aveugle enfant qui nous fait amoureux !

Tu n'esprouves (Baïf) d'un maistre rigoureux,
Le severe sourcy : mais la doulce rudesse
D'une belle, courtoise, et gentile maistresse,
8 Qui fait languir ton cœur doulcement langoureux.

Moy chetif ce pendant loing des yeux de mon Prince,
Je vieillis malheureux en estrange province,
11 Fuyant la pauvreté : mais las ne fuyant pas

Les regrets, les ennuys, le travail, et la peine,
Le tardif repentir d'une esperance vaine,
14 Et l'importun souci, qui me suit pas à pas.

XXV

Malheureux l'an, le mois, le jour, l'heure, et le poinct,
Et malheureuse soit la flateuse esperance,
Quand pour venir icy j'abandonnay la France :
4 La France, et mon Anjou, dont le desir me poingt.

Vrayment d'un bon oiseau guidé je ne fus point,
Et mon cœur me donnoit assez signifiance,
Que le ciel estoit plein de mauvaise influence,
8 Et que Mars estoit lors à Saturne conjoint.

Cent fois le bon advis lors m'en voulut distraire,
Mais tousjours le destin me tiroit au contraire :
11 Et si mon desir n'eust aveuglé ma raison,

N'estoit-ce pas assez pour rompre mon voyage,
Quand sur le sueil de l'huis, d'un sinistre presage,
14 Je me blessay le pied sortant de ma maison ?

XXVI

Si celuy qui s'appreste à faire un long voyage,
Doit croire cestuy là qui a ja voyagé,
Et qui des flots marins longuement oultragé,
4 Tout moite et degoutant s'est sauvé du naufrage :

Tu me croiras (Ronsard) bien que tu sois plus sage,
Et quelque peu encor (ce croy-je) plus aagé,
Puis que j'ay devant toy en ceste mer nagé,
8 Et que desja ma nef descouvre le rivage.

Donques je t'advertis, que ceste mer Romaine,
De dangereux escueils et de bancs toute pleine,
11 Cache mille perils, et qu'icy bien souvent,

Trompé du chant pippeur des monstres de Sicile,
Pour Charybde eviter tu tomberas en Scylle,
14 Si tu ne sçais nager d'une voile à tout vent.

XXVII

Ce n'est l'ambition, ny le soing d'acquerir,
Qui m'a fait delaisser ma rive paternelle,
Pour voir ces monts couvers d'une neige éternelle,
4 Et par mille dangers ma fortune querir.

Le vray honneur, qui n'est coustumier de perir,
Et la vraye vertu qui seule est immortelle,
Ont comblé mes desirs d'une abondance telle,
8 Qu'un plus grand bien aux Dieux je ne veulx requerir.

L'honneste servitude, ou mon devoir me lie,
M'a fait passer les monts de France en Italie,
11 Et demeurer trois ans sur ce bord estranger,

Ou je vy languissant : ce seul devoir encore
Me peult faire changer France à l'Inde et au More,
14 Et le ciel à l'enfer me peult faire changer.

XXVIII

Quand je te dis adieu, pour m'en venir icy,
Tu me dis (mon Lahaye) il m'en souvient encore,
Souvienne toy, Bellay, de ce que tu es ore,
4 Et comme tu t'en vas, retourne t'en ainsi.

Et tel comme je vins, je m'en retourne aussi :
Hors mis un repentir qui le cœur me devore,
Qui me ride le front, qui mon chef decolore,
8 Et qui me fait plus bas enfoncer le sourcy.

Ce triste repentir, qui me ronge, et me lime,
Ne vient (car j'en suis net) pour sentir quelque crime,
11 Mais pour m'estre trois ans à ce bord arresté :

Et pour m'estre abusé d'une ingrate esperance,
Qui pour venir icy trouver la pauvreté,
14 M'a fait (sot que je suis) abandonner la France.

XXIX

Je hay plus que la mort un jeune casanier,
Qui ne sort jamais hors, sinon aux jours de feste,
Et craignant plus le jour qu'une sauvage beste,
4 Se fait en sa maison luy mesmes prisonnier.

Mais je ne puis aymer un vieillard voyager,
Qui court deça dela, et jamais ne s'arreste,
Ains des pieds moins leger, que leger de la teste,
8 Ne sejourne jamais non plus qu'un messager.

L'un sans se travailler en seureté demeure,
L'autre qui n'a repos jusques à tant qu'il meure,
11 Traverse nuict et jour mille lieux dangereux.

L'un passe riche et sot heureusement sa vie,
L'autre plus souffreteux qu'un pauvre qui mendie,
14 S'acquiert en voyageant un sçavoir malheureux.

XXX

Quiconques (mon Bailleul) fait longuement sejour
Soubs un ciel incogneu, et quiconques endure
D'aller de port en port cherchant son adventure,
4 Et peult vivre estranger dessoubs un autre jour :

Qui peult mettre en oubly de ses parents l'amour,
L'amour de sa maistresse, et l'amour que nature
Nous fait porter au lieu de nostre nourriture,
8 Et voyage tousjours sans penser au retour :

Il est fils d'un rocher, ou d'une ourse cruelle,
Et digne qui jadis ait succé la mamelle
11 D'une tygre inhumaine : encor ne voit-on point

Que les fiers animaux en leurs forts ne retournent,
Et ceulx qui parmy nous domestiques sejournent,
14 Tousjours de la maison le doulx desir les poingt.

patriotique *all about the good things he'll see when he goes home*

XXXI

d'Héro d'oddessy (FR)

Heureux qui, comme Ulysse, a fait un beau voyage,
Ou comme cestuy là qui conquit la toison,
Et puis est retourné, plein d'usage et raison, *fleece (from sheep)*
4 Vivre entre ses parents le reste de son aage!

Quand revoiray-je, helas, de mon petit village
Fumer la cheminee, et en quelle saison
Revoiray-je le clos de ma pauvre maison,
8 Qui m'est une province, et beaucoup d'avantage ?

Plus me plaist le sejour qu'ont basty mes ayeux,
Que des palais Romains le front audacieux,
11 Plus que le marbre dur me plaist l'ardoise fine,

Plus mon Loyre Gaulois, que le Tybre Latin,
Plus mon petit Lyré, que le mont Palatin :
14 Et plus que l'air marin la douceur Angevine.

XXXII

Je me feray sçavant en la philosophie,
En la mathematique, et medicine aussi :
Je me feray legiste, et d'un plus hault souci
4 Apprendray les secrets de la theologie :

Du lut et du pinceau j'esbateray ma vie,
De l'escrime et du bal. Je discourois ainsi,
Et me vantois en moy d'apprendre tout cecy.
8 Quand je changeay la France au sejour d'Italie.

O beaux discours humains! je suis venu si loing,
Pour m'enrichir d'ennuy, de vieillesse, et de soing,
11 Et perdre en voyageant le meilleur de mon aage.

Ainsi le marinier souvent pour tout tresor
Rapporte des harencs en lieu de lingots d'or,
14 Ayant fait, comme moy, un malheureux voyage.

XXXIII

Que feray-je, Morel ? dy moy, si tu l'entends,
Feray-je encor icy plus longue demeurance,
Ou si j'iray reveoir les campaignes de France,
4 Quand les neiges fondront au soleil du printemps ?

Si je demeure icy, helas je perds mon temps
A me repaistre en vain d'une longue espérance :
Et si je veulx ailleurs fonder mon asseurance,
8 Je fraude mon labeur du loyer que j'attens.

Mais fault il vivre ainsi d'une esperance vaine ?
Mais fault il perdre ainsi bien trois ans de ma peine ?
11 Je ne bougeray donc. Non, non, je m'en iray.

Je demourray pourtant, si tu le me conseilles.
Helas (mon cher Morel) dy moy que je feray,
14 Car je tiens, comme on dit, le loup par les oreilles.

XXXIV

Comme le marinier, que le cruel orage
A long temps agité dessus la haulte mer,
Ayant finablement à force de ramer
4 Garanty son vaisseau du danger du naufrage,

Regarde sur le port, sans plus craindre la rage
Des vagues ny des vents, les ondes escumer :
Et quelqu'autre bien loing au danger d'abysmer
8 En vain tendre les mains vers le front du rivage :

Ainsi (mon cher Morel) sur le port arresté
Tu regardes la mer, et vois en seureté,
11 De mille tourbillons son onde renversee :

Tu la vois jusqu'au ciel s'eslever bien souvent,
Et vois ton Du Bellay à la mercy du vent
14 Assis au gouvernail dans une nef percee.

XXXV

La nef qui longuement a voyagé (Dillier)
Dedans le sein du port à la fin on la serre :
Et le bœuf, qui long temps a renversé la terre,
4 Le bouvier à la fin luy oste le collier :

Le vieil cheval se voit à la fin deslier,
Pour ne perdre l'haleine, ou quelque honte acquerre :
Et pour se reposer du travail de la guerre,
8 Se retire à la fin le vieillard chevalier :

Mais moy, qui jusqu'icy n'ay prouvé que la peine,
La peine et le malheur d'une esperance vaine,
11 La douleur, le soucy, les regrets, les ennuis,

Je vieillis peu à peu sur l'onde Ausonienne,
Et si n'espere point, quelque bien qui m'advienne,
14 De sortir jamais hors des travaux ou je suis.

XXXVI

Depuis que j'ay laissé mon naturel sejour,
Pour venir ou le Tybre aux flots tortuz ondoye,
Le ciel a veu trois fois par son oblique voye
4 Recommencer son cours la grand'lampe du jour.

Mais j'ay si grand desir de me voir de retour,
Que ces trois ans me font plus qu'un siege de Troye,
Tant me tarde (Morel) que Paris je revoye,
8 Et tant le ciel pour moy fait lentement son tour :

Il fait son tour si lent, et me semble si morne,
Si morne, et si pesant, que le froid Capricorne
11 Ne m'accoursit les jours, ny le Cancre les nuicts.

Voila (mon cher Morel) combien le temps me dure
Loing de France et de toy, et comment la nature
14 Fait toute chose longue aveques mes ennuis.

XXXVII

C'estoit ores, c'estoit qu'à moy je devois vivre,
Sans vouloir estre plus, que cela que je suis,
Et qu'heureux je devois de ce peu que je puis,
4 Vivre content du bien de la plume, et du livre.

Mais il n'a pleu aux Dieux me permettre de suivre
Ma jeune liberté, ny faire que depuis
Je vesquisse aussi franc de travaux et d'ennuis,
8 Comme d'ambition j'estois franc et delivre.

Il ne leur a pas pleu qu'en ma vieille saison
Je sceusse quel bien c'est de vivre en sa maison,
11 De vivre entre les siens sans crainte et sans envie :

Il leur a pleu (helas) qu'à ce bord estranger
Je veisse ma franchise en prison se changer,
14 Et la fleur de mes ans en l'hyver de ma vie.

XXXVIII

O qu'heureux est celuy qui peult passer son aage
Entre pareils à soy! et qui sans fiction,
Sans crainte, sans envie, et sans ambition,
4 Regne paisiblement en son pauvre mesnage!

Le miserable soing d'acquerir d'avantage
Ne tyrannise point sa libre affection,
Et son plus grand desir, desir sans passion,
8 Ne s'estend plus avant que son propre heritage.

Il ne s'empesche point des affaires d'autruy,
Son principal espoir ne depend que de luy,
11 Il est sa court, son roy, sa faveur, et son maistre.

Il ne mange son bien en païs estranger,
Il ne met pour autruy sa personne en danger,
14 Et plus riche qu'il est ne voudroit jamais estre.

XXXIX

J'ayme la liberté, et languis en service,
Je n'ayme point la court, et me fault courtiser,
Je n'ayme la feintise, et me fault deguiser,
4 J'aime simplicité, et n'apprens que malice :

Je n'adore les biens, et sers à l'avarice,
Je n'ayme les honneurs, et me les fault priser,
Je veulx garder ma foy, et me la fault briser,
8 Je cherche la vertu, et ne trouve que vice :

Je cherche le repos, et trouver ne le puis,
J'embrasse le plaisir, et n'esprouve qu'ennuis,
11 Je n'ayme à discourir, en raison je me fonde :

J'ay le corps maladif, et me fault voyager,
Je suis né pour la Muse, on me fait mesnager,
14 Ne suis-je pas (Morel) le plus chetif du monde ?

XL

Un peu de mer tenoit le grand Dulichien
D'Ithaque separé, l'Appennin porte-nue,
Et les monts de Savoye à la teste chenue
4 Me tiennent loing de France au bord Ausonien.

Fertile est mon sejour, sterile estoit le sien,
Je ne suis des plus fins, sa finesse est cogneue,
Les siens gardant son bien attendoient sa venue,
8 Mais nul en m'attendant ne me garde le mien.

Pallas sa guide estoit, je vays à l'aventure,
Il fut dur au travail, moy tendre de nature,
11 A la fin il ancra sa navire à son port,

Je ne suis asseuré de retourner en France,
Il feit de ses haineux une belle vengeance,
14 Pour me venger des miens je ne suis assez fort.

XLI

N'estant de mes ennuis la fortune assouvie,
A fin que je devinsse à moy-mesme odieux,
M'osta de mes amis celuy que j'aymois mieux,
4 Et sans qui je n'avois de vivre nulle envie.

Donc l'eternelle nuict a ta clarté ravie,
Et je ne t'ay suivy parmy ces obscurs lieux ?
Toy, qui m'as plus aymé que ta vie et tes yeux,
8 Toy, que j'ay plus aymé que mes yeux et ma vie.

Helas, cher compaignon, que ne puis-je estre encor
Le frere de Pollux, toy celuy de Castor,
11 Puis que nostre amitié fut plus que fraternelle ?

Reçoy donques ces pleurs, pour gage de ma foy,
Et ces vers qui rendront, si je ne me deçoy,
14 De si rare amitié la memoire eternelle.

XLII

C'est ores, mon Vineus, mon cher Vineus, c'est ore,
Que de tous les chetifs le plus chetif je suis,
Et que ce que j'estois plus estre je ne puis,
4 Ayant perdu mon temps, et ma jeunesse encore.

La pauvreté me suit, le souci me devore,
Tristes me sont les jours, et plus tristes les nuicts,
O que je suis comblé de regrets, et d'ennuis!
8 Pleust à Dieu que je fusse un Pasquin ou Marphore,

Je n'aurois sentiment du malheur qui me poingt,
Ma plume seroit libre, et si ne craindrois point
11 Qu'un plus grand contre moy peust exercer son ire.

Asseure toy, Vineus, que celuy seul est Roy,
A qui mesmes les Rois ne peuvent donner loy,
14 Et qui peult d'un chacun à son plaisir escrire.

XLIII

Je ne commis jamais fraude, ne malefice,
Je ne doutay jamais des poincts de nostre foy,
Je n'ay point violé l'ordonnance du Roy,
4 Et n'ay point esprouvé la rigueur de justice :

J'ay fait à mon seigneur fidelement service,
Je fais pour mes amis ce que je puis et doy,
Et croy que jusqu'icy nul ne se plaint de moy.
8 Que vers luy j'aye fait quelque mauvais office.

Voila ce que je suis, et toutefois, Vineus,
Comme un qui est aux Dieux et aux hommes haineux,
11 Le malheur me poursuit, et tousjours m'importune.

Mais j'ay ce beau confort en mon adversité,
C'est qu'on dit que je n'ay ce malheur merité,
14 Et que digne je suis de meilleure fortune.

XLIV

Si pour avoir passé sans crime sa jeunesse,
Si pour n'avoir d'usure enrichy sa maison,
Si pour n'avoir commis homicide ou traison,
4 Si pour n'avoir usé de mauvaise finesse,

Si pour n'avoir jamais violé sa promesse,
On se doit resjouir en l'arriere saison,
Je dois à l'advenir, si j'ay quelque raison,
8 D'un grand contentement consoler ma vieillesse.

Je me console donc en mon adversité,
Ne requerant aux Dieux plus grand'felicité,
11 Que de pouvoir durer en ceste patience.

O Dieux, si vous avez quelque souci de nous,
Ottroyez moy ce don, que j'espere de vous,
14 Et pour vostre pitié, et pour mon innocence.

XLV

O marastre nature (et marastre es-tu bien,
De ne m'avoir plus sage ou plus heureux fait naistre)
Pourquoy ne m'as-tu fait de moy mesme le maistre,
4 Pour suivre ma raison, et vivre du tout mien ?

Je voy les deux chemins, et de mal, et de bien :
Je sçay que la vertu m'appelle à la main dextre,
Et toutefois, il fault que je tourne à senestre,
8 Pour suivre un traistre espoir, qui m'a fait du tout sien.

Et quel profit en ay-je ? ô belle recompense !
Je me suis consumé d'une vaine despence,
11 Et n'ay fait autre acquest que de mal et d'ennuy.

L'estranger recueillist le fruict de mon service,
Je travaille mon corps d'un indigne exercice,
14 Et porte sur mon front la vergongne d'autruy.

XLVI

Si par peine, et sueur, et par fidelité,
Par humble servitude, et longue patience,
Employer corps, et bien, esprit, et conscience,
4 Et du tout mespriser sa propre utilité :

Si pour n'avoir jamais par importunité
Demandé benefice, ou autre recompense,
On se doit enrichir, j'auray (comme je pense)
8 Quelque bien à la fin, car je l'ay merité.

Mais si par larrecin advancé lon doit estre,
Par mentir, par flatter, par abuser son maistre,
11 Et pis que tout cela faire encor bien souvent :

Je cognois que je seme au rivage infertile,
Que je veux cribler l'eau, et que je bas le vent,
14 Et que je suis (Vineus) serviteur inutile.

XLVII

Si onques de pitié ton ame fut atteinte,
Voyant indignement ton amy tormenté,
Et si onques tes yeux ont experimenté
4 Les poignans esguillons d'une douleur non feinte,

Voy la mienne en ces vers sans artifice peinte,
Comme sans artifice est ma simplicité :
Et si pour moy tu n'es à pleurer incité,
8 Ne te ry pour le moins des souspirs de ma plainte.

Ainsi (mon cher Vineus) jamais ne puisses-tu
Esprouver les regrets qu'esprouve une vertu,
11 Qui se voit defrauder du loyer de sa peine :

Ainsi l'œil de ton Roy favorable te soit,
Et ce qui des plus fins l'esperance deçoit,
14 N'abuse ta bonté d'une promesse vaine.

XLVIII

O combien est heureux, qui n'est contreint de feindre
Ce que la verité le contreint de penser,
Et à qui le respect d'un qu'on n'ose offenser,
4 Ne peult la liberté de sa plume contreindre !

Las, pourquoy de ce nœu sens-je la mienne estreindre,
Quand mes justes regrets je cuide commencer ?
Et pourquoy ne se peult mon ame dispenser
8 De ne sentir son mal, ou de s'en pouvoir plaindre ?

On me donne la genne, et si n'ose crier,
On me voit tormenter, et si n'ose prier
11 Qu'on ait pitié de moy. O peine trop sugette !

Il n'est feu si ardant, qu'un feu qui est enclos,
Il n'est si fascheux mal, qu'un mal qui tient à l'os,
14 Et n'est si grand'douleur, qu'une douleur muette.

XLIX

Si apres quarante ans de fidele service,
Que celuy que je sers a fait en divers lieux,
Employant, liberal, tout son plus et son mieux
4 Aux affaires qui sont de plus digne exercice,

D'un haineux estranger l'envieuse malice
Exerce contre luy son courage odieux,
Et sans avoir soucy des hommes ny des dieux,
8 Oppose à la vertu l'ignorance et le vice :

Me doy-je tormenter, moy, qui suis moins que rien,
Si par quelqu'un (peult estre) envieux de mon bien,
11 Je ne treuve à mon gré la faveur opportune ?

Je me console donc, et en pareille mer,
Voyant mon cher Seigneur au danger d'abysmer,
14 Il me plaist de courir une mesme fortune.

L

Sortons (Dilliers) sortons, faisons place à l'envie,
Et fuyons desormais ce tumulte civil,
Puis qu'on y voit priser le plus lasche et plus vil,
4 Et la meilleure part estre la moins suivie.

Allons ou la vertu, et le sort nous convie,
Deussions nous voir le Scythe, ou la source du Nil,
Et nous donnons plus-tost un eternel exil,
8 Que tacher d'un seul poinct l'honneur de nostre vie.

Sus donques, et devant que le cruel vainqueur
De nous face une fable au vulgaire moqueur,
11 Bannissons la vertu d'un exil volontaire.

Et quoy ? ne sçais-tu pas que le bany Romain,
Bien qu'il fust dechassé de son peuple inhumain,
14 Fut pourtant adoré du barbare coursaire ?

LI

Mauny, prenons en gré la mauvaise fortune,
Puis que nul ne se peult de la bonne asseurer,
Et que de la mauvaise on peult bien esperer,
4 Estant son naturel de n'estre jamais une.

Le sage nocher craint la faveur de Neptune,
Sachant que le beau temps long temps ne peult durer :
Et ne vault-il pas mieux quelque orage endurer,
8 Que d'avoir tousjours peur de la mer importune ?

Par la bonne fortune on se trouve abusé,
Par la fortune adverse on devient plus rusé :
11 L'une esteint la vertu, l'autre la fait paroistre :

L'une trompe noz yeux d'un visage menteur,
L'autre nous fait l'amy cognoistre du flateur.
14 Et si nous fait encor' à nous mesmes cognoistre.

LII

Si les larmes servoient de remede au malheur,
Et le pleurer pouvoit la tristesse arrester,
On devroit (Seigneur mien) les larmes acheter,
4 Et ne se trouveroit rien si cher que le pleur.

Mais les pleurs en effect sont de nulle valeur,
Car soit qu'on ne se veuille en pleurant tormenter,
Ou soit que nuict et jour on veuille lamenter,
8 On ne peult divertir le cours de la douleur.

Le cœur fait au cerveau ceste humeur exhaler,
Et le cerveau la fait par les yeux devaller,
11 Mais le mal par les yeux ne s'allambique pas.

Dequoy donques nous sert ce fascheux larmoyer ?
De jetter, comme on dit, l'huile sur le foyer,
14 Et perdre sans profit le repoz et repas.

LIII

Vivons (Gordes) vivons, vivons, et pour le bruit
Des vieillards ne laissons à faire bonne chere :
Vivons, puis que la vie est si courte et si chere,
4 Et que mesmes les Roys n'en ont que l'usufruit.

Le jour s'esteint au soir, et au matin reluit,
Et les saisons refont leur course coustumiere :
Mais quand l'homme a perdu ceste doulce lumiere,
8 La mort luy fait dormir une eternelle nuict.

Donc imiterons-nous le vivre d'une beste ?
Non, mais devers le ciel levans tousjours la teste,
11 Gousterons quelque fois la doulceur du plaisir.

Celuy vrayement est fol, qui changeant l'asseurance
Du bien qui est present, en douteuse esperance,
14 Veult tousjours contredire à son propre desir.

une autre
personne
importante

LIV

Maraud, qui n'es maraud que de nom seulement,
Qui dit que tu es sage, il dit la verité :
Mais qui dit que le soing d'eviter pauvreté
4 Te ronge le cerveau, ta face le desment.

Celuy vrayement est riche et vit heureusement,
Qui s'esloignant de l'une et l'autre extremité,
Prescrit à ses desirs un terme limité :
8 Car la vraye richesse est le contentement.

Sus donc (mon cher Maraud) pendant que nostre maistre,
Que pour le bien publiq la nature a fait naistre,
11 Se tormente l'esprit des affaires d'autruy,

Va devant à la vigne apprester la salade :
Que sçait-on qui demain sera mort, ou malade ?
14 Celuy vit seulement, lequel vit aujourd'huy.

LV

Montigné (car tu es aux procez usité)
Si quelqu'un de ces Dieux, qui ont plus de puissance,
Nous promit de tous biens paisible jouissance,
4 Nous obligeant par Styx toute sa deité,

Il s'est mal envers nous de promesse acquitté,
Et devant Juppiter en devons faire instance :
Mais si lon ne peult et faire aux Parques resistance,
8 Qui jugent par arrest de la fatalité,

Nous n'en appellerons, attendu que ne sommes
Plus privilegiez, que sont les autres hommes
11 Condamnez, comme nous, en pareille action :

Mais si l'ennuy vouloit sur nostre fantaisie,
Par vertu du malheur faire quelque saisie,
14 Nous nous opposerions à l'execution.

LVI

Baïf, qui, comme moy, prouves l'adversité,
Il n'est pas tousjours bon de combatre l'orage,
Il fault caler la voile, et de peur du naufrage,
4 Ceder à la fureur de Neptune irrité.

Mais il ne fault aussi par crainte et vilité
S'abandonner en proye : il fault prendre courage,
Il fault feindre souvent l'espoir par le visage,
8 Et fault faire vertu de la necessité.

Donques sans nous ronger le cœur d'un trop grand soing,
Mais de nostre vertu nous aidant au besoing,
11 Combatons le malheur. Quant à moy, je proteste

Que je veulx desormais Fortune despiter,
Et que s'elle entreprend le me faire quitter,
14 Je le tiendray (Baïf) et fust-ce de ma reste.

LVII

Ce pendant que tu suis le lievre par la plaine,
Le sanglier par les bois, et le milan par l'aer,
Et que voyant le sacre, ou l'espervier voler,
4 Tu t'exerces le corps d'une plaisante peine,

Nous autres malheureux suivons la court Romaine,
Ou, comme de ton temps, nous n'oyons plus parler
De rire, de saulter, de danser, et baller,
8 Mais de sang, et de feu, et de guerre inhumaine.

Pendant, tout le plaisir de ton Gorde, et de moy,
C'est de te regretter, et de parler de toy,
11 De lire quelque autheur, ou quelque vers escrire.

Au reste (mon Dagaut) nous n'esprouvons icy
Que peine, que travail, que regret, et soucy,
14 Et rien, que le Breton, ne nous peult faire rire.

LVIII

Le Breton est sçavant, et sçait fort bien escrire
En François, et Thuscan, en Grec, et en Romain,
Il est en son parler plaisant et fort humain,
4 Il est bon compaignon, et dit le mot pour rire.

Il a bon jugement, et sçait fort bien eslire
Le blanc d'avec le noir : il est bon escrivain,
Et pour bien compasser une lettre à la main,
8 Il y est excellent autant qu'on sçauroit dire :

Mais il est paresseux, et craint tant son mestier,
Que s'il devait jeuner, ce croy-je, un mois entier,
11 Il ne travailleroit seulement un quart d'heure.

Bref il est si poltron, pour bien le deviser,
Que depuis quatre mois, qu'en ma chambre il demeure,
14 Son umbre seulement me fait poltronniser.

LIX

Tu ne me vois jamais (Pierre) que tu ne die
Que j'estudie trop, que je face l'amour,
Et que d'avoir tousjours ces livres à l'entour,
4 Rend les yeux esblouïs, et la teste eslourdie.

Mais tu ne l'entens pas : car ceste maladie
Ne me vient du trop lire, ou du trop long sejour,
Ains de voir le bureau, qui se tient chacun jour :
8 C'est, Pierre mon amy, le livre ou j'estudie.

Ne m'en parle donc plus, autant que tu as cher
De me donner plaisir, et de ne me fascher :
11 Mais bien en ce pendant que d'une main habile

Tu me laves la barbe, et me tonds les cheveulx,
Pour me desennuyer, conte moy si tu veulx
14 Des nouvelles du Pape, et du bruit de la ville.

LX

Seigneur, ne pensez pas d'ouïr chanter icy
Les louanges du Roy, ny la gloire de Guyse,
Ny celle que se sont les Chastillons acquise,
4 Ny ce Temple sacré au grand Montmorancy.

N'y pensez voir encor' le severe sourcy
De madame Sagesse, ou la brave entreprise,
Qui au Ciel, aux Demons, aux Estoilles s'est prise,
8 La Fortune, la Mort, et la Justice aussi,

De l'Or encore moins, de luy je ne suis digne;
Mais bien d'un petit Chat j'ay fait un petit hymne,
11 Lequel je vous envoye : autre present je n'ay.

Prenez le donc (Seigneur) et m'excusez de grâce,
Si pour le bal ayant la musique trop basse,
14 Je sonne un passepied, ou quelque branle gay.

LXI

Qui est amy du cœur, est amy de la bourse,
Ce dira quelque honneste et hardy demandeur,
Qui de l'argent d'autruy liberal despendeur
4 Luymesme à l'hospital s'en va toute la course.

Mais songe là dessus, qu'il n'est si vive source,
Qu'on ne puisse espuiser, ny si riche presteur,
Qui ne puisse à la fin devenir emprunteur,
8 Ayant affaire à gens qui n'ont point de ressource.

Gordes, si tu veulx vivre heureusement Romain,
Sois large de faveur, mais garde que ta main
11 Ne soit à tous venans trop largement ouverte.

Par l'un on peult gaigner mesmes son ennemy,
Par l'autre bien souvent on perd un bon amy,
14 Et quand on perd l'argent, c'est une double perte.

LXII

Ce ruzé Calabrois tout vice, quel qu'il soit,
Chatouille à son amy, sans espargner personne,
Et faisant rire ceulx, que mesme il espoinçonne,
4 Se jouë autour du cœur de cil qui le reçoit.

Si donc quelque subtil en mes vers apperçoit
Que je morde en riant, pourtant nul ne me donne
Le nom de feint amy vers ceulx que j'aiguillonne :
8 Car qui m'estime tel, lourdement se deçoit.

La Satyre (Dilliers) est un publiq exemple,
Ou, comme en un miroir, l'homme sage contemple
11 Tout ce qui est en luy, ou de laid, ou de beau.

Nul ne me lise donc, ou qui me vouldra lire,
Ne se fasche s'il voit, par maniere de rire,
14 Quelque chose du sien protrait en ce tableau.

LXIII

Quel est celuy qui veult faire croire de soy
Qu'il est fidele amy, mais quand le temps se change,
Du costé des plus forts soudainement se range,
4 Et du costé de ceulx qui ont le mieux dequoy ?

Quel est celuy qui dit qu'il gouverne le Roy ?
J'entens quand il se voit en un païs estrange,
Et bien loing de la court : quel homme est-ce, Lestrange ?
8 Lestrange, entre nous deux je te pry dy le moy.

Dy moy, quel est celuy qui si bien se deguise,
Qu'il semble homme de guerre entre les gens d'eglise,
11 Et entre gens de guerre aux prestres est pareil ?

Je ne sçay pas son nom : mais quiconqu'il puisse estre,
Il n'est fidele amy, ny mignon de son maistre,
14 Ny vaillant chevalier, ny homme de conseil.

*↳ talking about an unloyal
friend, maybe powerful + involved
w/ the church*

LXIV

Nature est aux bastards volontiers favorable,
Et souvent les bastards sont les plus genereux,
Pour estre au jeu d'amour l'homme plus vigoreux,
4 D'autant que le plaisir luy est plus aggreable.

Le donteur de Meduse, Hercule l'indontable,
Le vainqueur Indien, et les Jumeaux heureux,
Et tous ces Dieux bastards jadis si valeureux,
8 Ce probleme (Bizet) font plus que veritable.

Et combien voyons nous aujourd'huy de bastards,
Soit en l'art d'Apollon, soit en celuy de Mars,
11 Exceller ceux qui sont de race legitime ?

Bref, tousjours ces bastards sont de gentil esprit :
Mais ce bastard (Bizet) que lon nous a descrit,
14 Est cause que je fais des autres moins d'estime.

LXV *quill*

↳ fury

Tu ne crains la fureur de ma plume animee,
Pensant que je n'ay rien à dire contre toy,
Sinon ce que ta rage a vomy contre moy,
4 Grinssant comme un mastin la dent envenimee.

↳ mastiff

Tu crois que je n'en sçay que par la renommée,
Et que quand j'auray dict que tu n'as point de foy,
Que tu es affronteur, que tu es traistre au Roy,
8 Que j'auray contre toy ma force consommee.

Tu penses que je n'ay rien de quoy me venger,
Sinon que tu n'es fait que pour boire et manger :
11 Mais j'ay bien quelque chose encores plus mordante,

Et quoy ? l'amour d'Orphee ? et que tu ne sçeus oncq
Que c'est de croire en Dieu ? non. Quel vice est-ce doncq ?
14 C'est, pour le faire court, que tu es un pedante.

LXVI

Ne t'esmerveille point que chacun il mesprise,
Qu'il dedaigne un chacun, qu'il n'estime que soy,
Qu'aux ouvrages d'autruy il veuille donner loy,
4 Et comme un Aristarq' luymesme s'auctorise.

Paschal, c'est un pedant' : et quoy qu'il se desguise,
Sera tousjours pedant'. Un pedant' et un roy
Ne te semblent ilz pas avoir je ne sçay quoy
8 De semblable, et que l'un à l'autre symbolise ?

Les subjects du pedant' ce sont ses escoliers,
Ses classes ses estatz, ses regents officiers,
11 Son college (Paschal) est comme sa province.

Et c'est pourquoy jadis le Syracusien,
Ayant perdu le nom de roy Sicilien,
14 Voulut estre pedant', ne pouvant estre prince.

LXVII

Magny, je ne puis voir un prodigue d'honneur,
Qui trouve tout bien fait, qui de tout s'esmerveille
Qui mes faultes approuve, et me flatte l'oreille,
4 Comme si j'estois Prince, ou quelque grand Seigneur.

Mais je me fasche aussi d'un fascheux repreneur,
Qui du bon et mauvais fait censure pareille,
Qui se list voluntiers, et semble qu'il sommeille
8 En lisant les chansons de quelque autre sonneur.

Cestui-là me deçoit d'une faulse louange,
Et gardant qu'aux bons vers les mauvais je ne change
11 Fait qu'en me plaisant trop à chacun je desplais :

Cestui-cy me degouste, et ne pouvant rien faire
Qui luy plaise, il me fait egalement displaire
14 Tout ce qu'il fait luymesme et tout ce que je fais.

LXVIII

Je hay du Florentin l'usuriere avarice,
Je hay du fol Sienois le sens mal arresté,
Je hay du Genevois la rare verité,
4 Et du Venetien la trop caute malice :

Je hay le Ferrarois pour je ne sçay quel vice,
Je hay tous les Lombards pour l'infidelité,
Le fier Napolitain pour sa grand' vanité,
8 Et le poltron Romain pour son peu d'exercice :

Je hay l'Anglois mutin, et le brave Escossois,
Le traistre Bourguignon, et l'indiscret François,
11 Le superbe Espaignol, et l'yvrongne Thudesque :

Bref, je hay quelque vice en chaque nation,
Je hay moymesme encor' mon imperfection,
14 Mais je hay par sur tout un sçavoir pedantesque.

LXIX

Pourquoy me grondes-tu, vieux mastin affamé,
Comme si Du Bellay n'avoit point de defense ?
Pourquoy m'offenses-tu, qui ne t'ay fait offense,
4 Sinon de t'avoir trop quelquefois estimé ?

Qui t'a, chien envieux, sur moy tant animé,
Sur moy, qui suis absent ? croy-tu que ma vengeance
Ne puisse bien d'icy darder jusques en France
8 Un traict, plus que le tien, de rage envenimé ?

Je pardonne à ton nom, pour ne souiller mon livre
D'un nom, qui par mes vers n'a merité de vivre :
11 Tu n'auras, malheureux, tant de faveur de moy :

Mais si plus longuement ta fureur persevere,
Je t'envoiray d'icy un foet, une Megere,
14 Un serpent, un cordeau, pour me vanger de toy.

LXX

Si Pirithois ne fust aux enfers descendu,
L'amitié de Thesé' seroit ensevelie,
Et Nise par sa mort n'eust la sienne ennoblie,
4 S'il n'eust veu sur le champ Eurial' estendu :

De Pylade le nom ne seroit entendu
Sans la fureur d'Oreste, et la foy de Pythie
Ne fust par tant d'escripts en lumiere sortie,
8 Si Damon ne se fust en sa place rendu :

Et je n'eusse esprouvé la tienne si muable,
Si Fortune vers moy n'eust esté variable.
11 Que puis-je faire donc, pour me venger de toy ?

Le mal que je te veulx, c'est qu'un jour je te puisse
Faire en pareil endroit, mais par meilleure office,
14 Recognoistre ta faulte, et voir quelle est ma foy.

LXXI

Ce Brave qui se croit, pour un jacque de maille,
Estre un second Roland, ce dissimulateur,
Qui superbe aux amis, aux ennemis flateur,
4 Contrefait l'habile homme, et ne dit rien qui vaille,

Belleau, ne le croy pas : et quoy qu'il se travaille
De se feindre hardy d'un visage menteur,
N'ajouste point de foy à son parler vanteur,
8 Car oncq homme vaillant je n'ay veu de sa taille.

Il ne parle jamais que des faveurs qu'il a,
Il desdaigne son maistre, et courtise ceulx là
11 Qui ne font cas de luy : il brusle d'avarice,

Il fait du bon Chrestien, et n'a ny foy ny loy :
Il fait de l'amoureux, mais c'est, comme je croy,
14 Pour couvrir le soupçon de quelque plus grand vice.

LXXII

Encores que lon eust heureusement compris
Et la doctrine Grecque, et la Romaine ensemble,
Si est-ce (Gohory) qu'icy, comme il me semble,
4 On peult apprendre encor', tant soit-on bien appris.

Non pour trouver icy de plus doctes escripts
Que ceulx que le François songneusement assemble,
Mais pour l'air plus subtil, qui doucement nous amble
8 Ce qui est plus terrestre et lourd en noz esprits.

Je ne sçay quel Demon de sa flamme divine
Le moins parfait de nous purge, esprouve et affine,
11 Lime le jugement, et le rend plus subtil.

Mais qui trop y demeure, il envoye en fumee
De l'esprit trop purgé la force consumee,
14 Et pour l'esmoudre trop, luy fait perdre le fil.

LXXIII

Gordes, j'ay en horreur un vieillard vicieux,
Qui l'aveugle appetit de la jeunesse imite,
Et ja froid par les ans, de soymesme s'incite
4 A vivre delicat en repos ocieux.

Mais je ne crains rien tant qu'un jeune ambicieux,
Qui pour se faire grand contrefait de l'hermite,
Et voilant sa traïson d'un masque d'hypocrite,
8 Couve soubs beau semblant un cœur malicieux.

Il n'est rien (ce dit-on en proverbe vulgaire)
Si sale qu'un vieux bouq, ne si prompt à mal faire
11 Comme est un jeune loup : et, pour le dire mieux,

Quand bien au naturel de tous deux je regarde,
Comme un fangeux pourceau l'un desplait à mes yeux,
14 Comme d'un fin regnard de l'autre je me garde.

LXXIV

Tu dis que Du Bellay tient reputation,
Et que de ses amis il ne tient plus de compte :
Si ne suis-je Seigneur, Prince, Marquis ou Comte,
4 Et n'ay changé d'estat ny de condition.

Jusqu'icy je ne sçay que c'est d'ambition,
Et pour ne me voir grand ne rougis point de honte :
Aussi ma qualité ne baisse ny ne monte,
8 Car je ne suis subject qu'à ma complexion.

Je ne sçay comme il fault entretenir son maistre,
Comme il fault courtiser, et moins quel il fault estre
11 Pour vivre entre les grands, comme on vit aujourd'huy.

J'honnore tout le monde, et ne fasche personne :
Qui me donne un salut, quatre je luy en donne :
14 Qui ne fait cas de moy, je ne fais cas de luy.

LXXV

Gordes, que Du Bellay ayme plus que ses yeux,
Voy comme la nature, ainsi que du visage,
Nous a fait differents de meurs et de courage,
4 Et ce qui plaist à l'un, à l'autre est odieux.

Tu dis : je ne puis voir un sot audacieux,
Qui un moindre que luy brave à son avantage,
Qui s'escoute parler, qui farde son langage,
8 Et fait croire de luy, qu'il est mignon des Dieux.

Je suis tout au contraire, et ma raison est telle :
Celuy, dont la doulceur courtoisement m'appelle,
11 Me fait oultre mon gré courtisan devenir :

Mais de tel entretien le brave me dispense :
Car n'estant obligé vers luy de recompense,
14 Je le laisse tout seul luymesme entretenir.

LXXVI

Cent fois plus qu'à louer on se plaist à mesdire :
Pource qu'en mesdisant on dit la verité,
Et louant, la faveur, ou bien l'auctorité,
4 Contre ce qu'on en croit, fait bien souvent escrire.

Qu'il soit vray, prins-tu onc tel plaisir d'ouir lire
Les louanges d'un Prince, ou de quelque cité,
Qu'ouir un Marc Antoine à mordre exercité,
8 Dire cent mille mots qui font mourir de rire ?

S'il est donques permis, sans offense d'aucun,
Des meurs de nostre temps deviser en commun,
11 Quiconques me lira, m'estime fol, ou sage :

Mais je croy qu'aujourd'huy tel pour sage est tenu,
Qui ne seroit rien moins que pour tel recognu,
14 Qui luy auroit osté le masque du visage.

LXXVII

Je ne descouvre icy les mysteres sacrez
Des saincts prestres Romains, je ne veulx rien escrire
Que la vierge honteuse ait vergongne de lire :
4 Je veulx toucher sans plus aux vices moins secretz :

Mais tu diras que mal je nomme ces Regretz,
Veu que le plus souvent j'use de mots pour rire :
Et je dy que la mer ne bruit tousjours son ire,
8 Et que tousjours Phœbus ne sagette les Grecz.

Si tu rencontres donc icy quelque risee,
Ne baptise pourtant de plainte deguisee
11 Les vers que je souspire au bord Ausonien.

La plainte que je fais (Dilliers) est veritable :
Si je ry, c'est ainsi qu'on se rid à la table,
14 Car je ry, comme on dit, d'un riz Sardonien.

LXXVIII

Je ne te conteray de Boulongne, et Venise,
De Padoue, et Ferrare, et de Milan encor'
De Naples, de Florence, et lesquelles sont or'
4 Meilleures pour la guerre, ou pour la marchandise :
Je te raconteray du siege de l'Eglise,
Qui fait d'oysiveté son plus riche tresor,
Et qui dessous l'orgueil de trois couronnes d'or
8 Couve l'ambition, la haine, et la feintise :
Je te diray qu'icy le bon heur, et malheur,
Le vice, la vertu, le plaisir, la douleur,
11 La science honorable, et l'ignorance abonde.

Bref, je diray qu'icy, comme en ce vieil Chaos,
Se trouve (Peletier) confusément enclos
14 Tout ce qu'on void de bien et de mal en ce monde.

LXXIX

Je n'escris point d'amour, n'estant point amoureux,
Je n'escris de beauté, n'ayant belle maistresse,
Je n'escris de douceur, n'esprouvant que rudesse,
4 Je n'escris de plaisir, me trouvant douloureux :

Je n'escris de bon heur, me trouvant malheureux,
Je n'escris de faveur, ne voyant ma Princesse,
Je n'escris de tresors, n'ayant point de richesse,
8 Je n'escris de santé, me sentant langoureux :

Je n'escris de la Court' estant loing de mon Prince,
Je n'escris de la France, en estrange province,
11 Je n'escris de l'honneur, n'en voyant point icy :

Je n'escris d'amitié, ne trouvant que feintise,
Je n'escris de vertu, n'en trouvant point aussi,
14 Je n'escris de sçavoir, entre les gens d'Eglise.

LXXX

Si je monte au Palais, je n'y trouve qu'orgueil,
Que vice déguisé, qu'une cerimonie,
Qu'un bruit de tabourins, qu'une estrange harmonie,
4 Et de rouges habits un superbe appareil :

Si je descens en banque, un amas et recueil
De nouvelles je treuve, une usure infinie,
De riches Florentins une troppe banie,
8 Et de pauvres Sienois un lamentable dueil :

Si je vais plus avant, quelque part ou j'arrive,
Je treuve de Venus la grand' bande lascive
11 Dressant de tous costez mil appas amoureux :

Si je passe plus oultre, et de la Rome neufve
Entre en la vieille Rome, adonques je ne treuve
14 Que de vieux monuments un grand monceau pierreux.

LXXXI

Il fait bon voir (Paschal) un conclave serré,
Et l'une chambre à l'autre egalement voisine
D'antichambre servir, de salle, et de cuisine,
4 En un petit recoing de dix pieds en carré :

Il fait bon voir autour le palais emmuré,
Et briguer là dedans ceste troppe divine,
L'un par ambition, l'autre par bonne mine,
8 Et par despit de l'un, estre l'autre adoré :

Il fait bon voir dehors toute la ville en armes,
Crier, le Pape est fait, donner de faulx alarmes,
11 Saccager un palais : mais plus que tout cela

Fait bon voir, qui de l'un, qui de l'autre se vante,
Qui met pour cestui-cy, qui met pour cestui-là,
14 Et pour moins d'un escu dix Cardinaux en vente.

LXXXII

Veulx-tu sçavoir (Duthier) quelle chose c'est Rome ?
Rome est de tout le monde un publique eschafault,
Une scene, un theatre, auquel rien ne default
4 De ce qui peult tomber es actions de l'homme.

Icy se void le jeu de la Fortune, et comme
Sa main nous fait tourner ores bas, ores haut :
Icy chascun se monstre, et ne peult, tant soit caut,
8 Faire que tel qu'il est, le peuple ne le nomme.

Icy du faulx et vray la messagere court,
Icy les courtisans font l'amour et la court,
11 Icy l'ambition, et la finesse abonde :

Icy la liberté fait l'humble audacieux,
Icy l'oisiveté rend le bon vicieux,
14 Icy le vil faquin discourt des faicts du monde.

LXXXIII

Ne pense (Robertet) que ceste Rome cy
Soit ceste Rome là, qui te souloit tant plaire.
On n'y fait plus credit, comme lon souloit faire,
4 On n'y fait plus l'amour, comme on souloit aussi.

La paix et le bon temps ne regnent plus icy,
La musique et le bal sont contraints de s'y taire,
L'air y est corrompu, Mars y est ordinaire,
8 Ordinaire la faim, la peine, et le soucy.

L'artisan desbauché y ferme sa boutique,
L'ocieux advocat y laisse sa pratique,
11 Et le pauvre marchand y porte le bissac :

On ne void que soldats, et morrions en teste,
On n'oit que tabourins, et semblable tempeste.
14 Et Rome tous les jours n'attend qu'un autre sac.

LXXXIV

Nous ne faisons la court aux filles de Memoire,
Comme vous qui vivez libres de passion :
Si vous ne sçavez donc nostre occupation,
4 Ces dix vers ensuivans vous la feront notoire :

Suivre son Cardinal au Pape, au Consistoire,
En Capelle, en Visite, en Congregation,
Et pour l'honneur d'un Prince, ou d'une nation,
8 De quelque ambassadeur accompagner la gloire :

Estre en son rang de garde aupres de son seigneur,
Et faire aux survenans l'accoustumé honneur,
11 Parler du bruit qui court, faire de l'habile homme :

Se pourmener en housse, aller voir d'huis en huis
La Marthe, ou la Victoire, et s'engager aux Juifz :
14 Voilà, mes compagnons, les passetemps de Rome.

LXXXV

Flatter un crediteur, pour son terme allonger,
Courtiser un banquier, donner bonne esperance,
Ne suivre en son parler la liberté de France,
4 Et pour respondre un mot, un quart d'heure y songer :

Ne gaster sa santé par trop boire et manger,
Ne faire sans propos une folle despense,
Ne dire à tous venans tout cela que lon pense,
8 Et d'un maigre discours gouverner l'estranger :

Cognoistre les humeurs, cognoistre qui demande,
Et d'autant que lon a la liberté plus grande,
11 D'autant plus se garder que lon ne soit repris :

Vivre aveques chascun, de chascun faire compte :
Voila, mon cher Morel (dont je rougis de honte)
14 Tout le bien qu'en trois ans à Rome j'ay appris.

LXXXVI

Marcher d'un grave pas, et d'un grave sourci,
Et d'un grave soubriz à chascun faire feste,
Balancer tous ses mots, respondre de la teste,
4 Avec un Messer non, ou bien un Messer si :

Entremesler souvent un petit, É cosi;
Et d'un son Servitor' contrefaire l'honneste :
Et, comme si lon eust sa part en la conqueste,
8 Discourir sur Florence, et sur Naples aussi :

Seigneuriser chascun d'un baisement de main,
Et suivant la façon du courtisan Romain,
11 Cacher sa pauvreté d'une brave apparence :

Voila de ceste Court la plus grande vertu,
Dont souvent mal monté, mal sain, et mal vestu,
14 Sans barbe et sans argent on s'en retourne en France.

LXXXVII

D'ou vient cela (Mauny) que tant plus on s'efforce
D'eschapper hors d'icy, plus le Dœmon du lieu
(Et que seroit-ce donc, si ce n'est quelque Dieu ?)
4 Nous y tient attachez par une doulce force ?

Seroit-ce point d'amour ceste allechante amorse,
Ou quelque autre venim, dont apres avoir beu
Nous sentons noz esprits nous laisser peu à peu,
8 Comme un corps qui se perd sous une neufve escorse ?

J'ay voulu mille fois de ce lieu m'estranger,
Mais je sens mes cheveux en fueilles se changer,
11 Mes bras en longs rameaux, et mes piedz en racine :

Bref, je ne suis plus rien qu'un vieil tronc animé,
Qui se plaint de se voir à ce bord transformé,
14 Comme le Myrte Anglois au rivage d'Alcine.

LXXXVIII

Qui choisira pour moy la racine d'Ulysse ?
Et qui me gardera de tomber au danger,
Qu'une Circe en pourceau ne me puisse changer,
4 Pour estre à tout jamais fait esclave du vice ?

Qui m'estreindra le doigt de l'anneau de Melisse,
Pour me desenchanter comme un autre Roger ?
Et quel Mercure encor' me fera desloger,
8 Pour ne perdre mon temps en l'amoureux service ?

Qui me fera passer sans escouter la voix
Et la feinte douceur des monstres d'Achelois ?
11 Qui chassera de moy ces Harpyes friandes ?

Qui volera pour moy encor' un coup aux cieux,
Pour rapporter mon sens, et me rendre mes yeux ?
14 Et qui fera qu'en paix je mange mes viandes ?

LXXXIX

Gordes, il m'est advis que je suis esveillé,
Comme un qui tout esmeu d'un effroyable songe
Se resveille en sursault, et par le lict s'allonge,
4 S'emerveillant d'avoir si long temps sommeillé.

Roger devint ainsi (ce croy-je) emerveillé :
Et croy que tout ainsi la vergongne me ronge,
Comme luy, quand il eut descouvert la mensonge
8 Du fard magicien qui l'avoit aveuglé.

Et comme luy aussi je veulx changer de stile,
Pour vivre desormais au sein de Logistile,
11 Qui des cœurs langoureux est le commun support.

Sus donc (Gordes) sus donc, à la voile, à la rame,
Fuyons, gaignons le hault, je voy la belle Dame
14 Qui d'un heureux signal nous appelle à son port.

XC

Ne pense pas (Bouju) que les Nymphes Latines
Pour couvrir leur traison d'une humble privauté,
Ny pour masquer leur teint d'une faulse beauté,
4 Me facent oublier noz Nymphes Angevines.

L'Angevine douceur, les paroles divines,
L'habit qui ne tient rien de l'impudicité,
La grace, la jeunesse, et la simplicité,
8 Me desgoutent (Bouju) de ces vieilles Alcines.

Qui les void par dehors, ne peult rien voir plus beau,
Mais le dedans resemble au dedans d'un tombeau,
11 Et si rien entre nous moins honneste se nomme.

O quelle gourmandise! ô quelle pauvreté!
O quelle horreur de voir leur immondicité!
14 C'est vrayment de les voir le salut d'un jeune homme.

XCI

O beaux cheveux d'argent mignonnement retors!
O front crespe, et serein! et vous face doree!
O beaux yeux de crystal! ô grand'bouche honoree,
4 Qui d'un large reply retrousses tes deux bords!

O belles dentz d'ebene! ô precieux tresors,
Qui faites d'un seul riz toute ame enamouree!
O gorge damasquine en cent pliz figuree!
8 Et vous beaux grands tetins, dignes d'un si beau corps!

O beaux ongles dorez! ô main courte, et grassette!
O cuisse delicatte, et vous gembe grossette,
11 Et ce que je ne puis honnestement nommer!

O beau corps transparent! ô beaux membres de glace!
O divines beautez! pardonnez moy de grace,
14 Si, pour estre mortel, je ne vous ose aymer.

XCII

En mille crepillons les cheveux se frizer,
Se pincer les sourcils, et d'une odeur choisie
Parfumer hault et bas sa charnure moisie,
4 Et de blanc et vermeil sa face deguiser :

Aller de nuict en masque, en masque deviser,
Se feindre à tout propos estre d'amour saisie,
Siffler toute la nuict par une jalousie,
8 Et par martel de l'un, l'autre favoriser :

Baller, chanter, sonner, folastrer dans la couche,
Avoir le plus souvent deux langues en la bouche,
11 Des courtisanes sont les ordinaires jeux.

Mais quel besoing est-il que je te les enseigne ?
Si tu les veuls sçavoir (Gordes) et si tu veuls
14 En sçavoir plus encor', demande à la Chassaigne.

XCIII

Doulce mere d'amour, gaillarde Cyprienne,
Qui fais sous ton pouvoir tout pouvoir se ranger,
Et qui des bords de Xanthe, à ce bord estranger
4 Guidas avec ton filz ta gent Dardanienne,

Si je retourne en France, ô mere Idalienne,
Comme je vins icy, sans tomber au danger
De voir ma vieille peau en autre peau changer,
8 Et ma barbe Françoise en barbe Italienne :

Des icy je fais veu d'appendre à ton autel,
Non le liz, ou la fleur d'amarante immortel,
11 Non ceste fleur encor' de ton sang coloree,

Mais bien de mon menton la plus blonde toison,
Me vantant d'avoir fait plus que ne feit Jason,
14 Emportant le butin de la toison doree.

XCIV

Heureux celuy qui peult long temps suivre la guerre
Sans mort, ou sans blesseure, ou sans longue prison!
Heureux qui longuement vit hors de sa maison
4 Sans despendre son bien ou sans vendre sa terre!

Heureux qui peult en Court quelque faveur acquerre
Sans crainte de l'envie, ou de quelque traison!
Heureux qui peult long temps sans danger de poison
8 Jouir d'un chapeau rouge, ou des clefz de sainct Pierre!

Heureux qui sans peril peult la mer frequenter!
Heureux qui sans procez le palais peult hanter!
11 Heureux qui peult sans mal vivre l'aage d'un homme!

Heureux qui sans soucy peult garder son tresor,
Sa femme sans souspçon, et plus heureux encor'
14 Qui a peu sans peler vivre trois ans à Rome!

XCV

Maudict soit mille fois le Borgne de Libye,
Qui le cœur des rochers perçant de part en part,
Des Alpes renversa le naturel rampart,
4 Pour ouvrir le chemin de France en Italie.

Mars n'eust empoisonné d'une eternelle envie
Le cœur de l'Espaignol, et du Français soldart,
Et tant de gens de bien ne seroient en hazart
8 De venir perdre icy et l'honneur et la vie.

Le François corrompu par le vice estranger
Sa langue et son habit n'eust appris à changer,
11 Il n'eust changé ses mœurs en une autre nature.

Il n'eust point esprouvé le mal qui fait peler,
Il n'eust fait de son nom la verole appeller,
14 Et n'eust fait si souvent d'un bufle sa monture.

XCVI

O Deesse, qui peulx aux Princes egaler
Un pauvre mendiant, qui n'a que la parole,
Et qui peulx d'un grand Roy faire un maistre d'eschole,
4 S'il te plaist de son lieu le faire devaller :

Je ne te prie pas de me faire enroller
Au rang de ces messieurs que la faveur accolle,
Que lon parle de moy, et que mon renom vole
8 De l'aile dont tu fais ces grands Princes voler :

Je ne demande pas mille et mille autres choses,
Qui dessous ton pouvoir sont largement encloses,
11 Aussi je n'eu jamais de tant de biens soucy.

Je demande sans plus que le mien on ne mange,
Et que j'aye bien tost une lettre de change,
14 Pour n'aller sur le bufle au departir d'icy.

XCVII

Doulcin, quand quelquefois je voy ces pauvres filles,
Qui ont le diable au corps, ou le semblent avoir,
D'une horrible façon corps et teste mouvoir,
4 Et faire ce qu'on dit de ces vieilles Sibylles :

Quand je voy les plus forts se retrouver debiles,
Voulant forcer en vain leur forcené pouvoir :
Et quand mesme j'y voy perdre tout leur sçavoir
8 Ceulx qui sont en vostre art tenuz des plus habiles :

Quand effroyablement escrier je les oy,
Et quand le blanc des yeux renverser je leur voy,
11 Tout le poil me herisse, et ne sçay plus que dire.

Mais quand je voy un moyne avecque son Latin
Leur taster hault et bas le ventre et le tetin,
14 Ceste frayeur se passe, et suis contraint de rire.

XCVIII

D'ou vient que nous voyons à Rome si souvent
Ces garses forcener, et la plusparts d'icelles
N'estre vieilles (Ronsard) mais d'aage de pucelles,
4 Et se trouver tousjours en un mesme convent ?

Qui parle par leur voix ? quel Demon leur defend
De respondre à ceulx-là qui ne sont cognuz d'elles ?
Et d'ou vient que soudain on ne les voit plus telles,
8 Ayant une chandelle esteinte de leur vent ?

D'ou vient que les saincts lieux telles fureurs augmentent ?
D'ou vient que tant d'esprits une seule tormentent ?
11 Et que sortans les uns, le reste ne sort pas ?

Dy, je te pry (Ronsard) toy qui sçais leurs natures,
Ceulx qui faschent ainsi ces pauvres creatures,
14 Sont-ilz des plus haultains, des moyens, ou plus bas ?

XCIX

Quand je vays par la rue, ou tant de peuple abonde,
De prestres, de prelats, et de moynes aussi,
De banquiers, d'artisans, et n'y voyant, ainsi
4 Qu'on void dedans Paris, la femme vagabonde :

Pyrrhe, apres le degast de l'universelle onde,
Ses pierres (dy-je alors) ne sema point icy :
Et semble proprement, à voir ce peuple cy,
8 Que Dieu n'y ait formé que la moitié du monde.

Car la Dame Romaine en gravité marchant,
Comme la conseilliere, ou femme du marchand,
11 Ne s'y pourmene point, et n'y void on que celles,

Qui se sont de la Court l'honneste nom donné :
Dont je crains quelquefois qu'en France retourné,
14 Autant que j'en voiray, ne me resemblent telles.

C

Ursin, quand j'oy nommer de ces vieux noms Romains,
De ces beaux noms cognuz de l'Inde jusqu'au More,
Non les grands seulement, mais les moindres encore,
4 Voire ceulx-là qui ont les ampoulles aux mains :

Il me fasche d'ouir appeller ces villains
De ces noms tant fameux, que tout le monde honnore :
Et sans le nom Chrestien, le seul nom que j'adore,
8 Voudrois que de telz noms on appellast noz saincts.

Le mien sur tous me fasche, et me fasche un Guillaume,
Et mil autres sots noms communs en ce royaume,
11 Voyant tant de faquins indignement jouir

De ces beaux noms de Rome, et de ceulx de la Grece :
Mais par sur tout (Ursin) il me fasche d'ouir
14 Nommer une Thaïs du nom d'une Lucrece.

CI

Que dirons-nous (Melin) de ceste court Romaine,
Ou nous voyons chascun divers chemins tenir,
Et aux plus haults honneurs les moindres parvenir,
4 Par vice, par vertu, par travail, et sans peine ?

L'un fait pour s'avancer une despense vaine,
L'autre par ce moyen se void grand devenir :
L'un par severité se sçait entretenir,
8 L'autre gaigne les cœurs par sa doulceur humaine :

L'un pour ne s'avancer se void estre avancé,
L'autre pour s'avancer se void desavancé,
11 Et ce qui nuit à l'un, à l'autre est profitable :

Qui dit que le sçavoir est le chemin d'honneur,
Qui dit que l'ignorance attire le bon heur,
14 Lequel des deux (Melin) est le plus veritable ?

CII

On ne fait de tout bois l'image de Mercure,
Dit le proverbe vieil : mais nous voyons icy
De tout bois faire Pape, et Cardinaux aussi,
4 Et vestir en trois jours tout une autre figure.

Les Princes et les Rois viennent grands de nature,
Aussi de leurs grandeurs n'ont-ilz tant de souci,
Comme ces Dieux nouveaux, qui n'ont que le sourci,
8 Pour faire reverer leur grandeur, qui peu dure.

Paschal, j'ay veu celuy qui n'agueres trainoit
Toute Rome apres luy, quand il se pourmenoit,
11 Aveques trois valletz cheminer par la rue :

Et trainer apres luy un long orgueil Romain
Celuy de qui le pere a l'ampoulle en la main,
14 Et l'aiguillon au poing se courbe à la charrue.

CIII

Si la perte des tiens, si les pleurs de ta mere,
Et si de tes parents les regrets quelquefois,
Combien, cruel Amour, que sans amour tu sois,
4 T'ont fait sentir le dueil de leur complainte amere :

C'est or' qu'il fault monstrer ton flambeau sans lumiere,
C'est or' qu'il fault porter sans flesches ton carquois,
C'est or' qu'il fault briser ton petit arc Turquois,
8 Renouvelant le dueil de ta perte premiere.

Car ce n'est pas icy qu'il te fault regretter
Le pere au bel Ascaigne : il te fault lamenter
11 Le bel Ascaigne mesme, Ascaigne, ô quel dommage!

Ascaigne, que Caraffe aymoit plus que ses yeux :
Ascaigne, qui passoit en beauté de visage
14 Le beau Couppier Troyen, qui verse à boire aux Dieux.

CIV

Si fruicts, raisins, et bledz, et autres telles choses
Ont leur tronc, et leur sep, et leur semence aussi,
Et s'on voit au retour du printemps addoulci,
4 Naistre de toutes parts violettes, et roses :

Ny fruicts, raisins, ny bleds, ny fleurettes descloses
Sortiront (Viateur) du corps qui gist icy :
Aulx, oignons et porreaux, et ce qui fleure ainsi,
8 Auront icy dessous leurs semences encloses,

Toy donc, qui de l'encens et du basme n'as point,
Si du grand Jules tiers quelque regret te poingt,
11 Parfume son tombeau de telle odeur choisie :

Puis que son corps, qui fut jadis egal aux Dieux,
Se souloit paistre icy de telz metz precieux,
14 Comme au ciel Jupiter se paist de l'ambrosie.

CV

De voir mignon du Roy un courtisan honneste
Voir un pauvre cadet l'ordre au col soustenir,
Un petit compagnon aux estatz parvenir,
4 Ce n'est chose (Morel) digne d'en faire feste.

Mais voir un estaffier, un enfant, une beste,
Un forfant, un poltron cardinal devenir,
Et pour avoir bien sçu un singe entretenir
8 Un Ganymede avoir le rouge sur la teste :

S'estre vu par les mains d'un soldat espagnol
Bien hault sur une eschelle avoir la corde au col
11 Celuy, que par le nom de Sainct Père lon nomme :

Un belistre en trois jours aux princes s'egaler,
Et puis le voir de là en trois jours devaler :
14 Ces miracles (Morel) ne se font point qu'à Rome.

CVI

Qui niera (Gillebert) s'il ne veult resister
Au jugement commun, que le siege de Pierre
Qu'on peult dire à bon droit un Paradis en terre,
4 Aussi bien que le ciel, n'ait son grand Juppiter ?

Les Grecz nous ont fait l'un sur Olympe habiter,
Dont souvent dessus nous ses fouldres il desserre :
L'autre du Vatican délasche son tonnerre,
8 Quand quelque Roy l'a fait contre luy despiter.

Du Juppiter céleste un Ganymede on vante,
Le Thusque Juppiter en a plus de cinquante :
11 L'un de Nectar s'enyvre, et l'autre de bon vin.

De l'aigle l'un et l'autre a la défense prise,
Mais l'un hait les tyrans, l'autre les favorise :
14 Le mortel en cecy n'est semblable au divin.

CVII

Ou que je tourne l'œil, soit vers le Capitole,
Vers les bains d'Antonin, ou Dioclétien,
Et si quelque œuvre encor dure plus ancien
4 De la porte Sainct-Pol jusques à Ponte-Mole :

Je deteste à part moy ce vieil Faucheur, qui vole,
Et le Ciel, qui ce tout a reduit en un rien :
Puis songeant que chacun peult repeter le sien,
8 Je me blasme, et cognois que ma complainte est fole.

Aussi seroit celuy par trop audacieux,
Qui vouldroit accuser ou le Temps ou les Cieux,
11 Pour voir une medaille ou columne brisee.

Et qui sait si les Cieulx referont point leur tour,
Puis que tant de seigneurs nous voyons chacun jour
14 Bastir sur la Rotonde et sur le Collisee ?

CVIII

Je fus jadis Hercule, or Pasquin je me nomme,
Pasquin fable du peuple, et qui fais toutefois
Le mesme office encor que j'ay fait autrefois,
4 Veu qu'ores par mes vers tant de monstres j'assomme.

Aussi mon vray mestier c'est de n'espargner homme,
Mais les vices chanter d'une publique voix :
Et si ne puis encor, quelque fort que je sois,
8 Surmonter la fureur de cet hydre de Rome.

J'ay porté sur mon col le grand palais des dieux,
Pour soulager Atlas, qui sous le faiz des cieux
11 Courboit las et recreu sa grande eschine large.

Ores au lieu du ciel, je porte sur mon doz
Un gros moyne espagnol, qui me froisse les oz,
14 Et me poise trop plus que ma premiere charge.

CIX

Comme un qui veult curer quelque cloaque immonde,
S'il n'a le nez armé d'une contresenteur,
Estouffé bien souvent de la grand-puanteur
4 Demeure ensevely dans l'ordure profonde :

Ainsi le bon Marcel ayant levé la bonde,
Pour laisser couler la fangeuse espesseur
Des vices entassez, dont son prédécesseur
8 Avoit six ans devant empoisonné le monde :

Se trouvant le pauvret de telle odeur surpris,
Tomba mort au milieu de son œuvre entrepris,
11 N'ayant pas à demy cette ordure purgee.

Mais quiconques rendra tel ouvrage parfait,
Se pourra bien vanter d'avoir beaucoup plus fait,
14 Que celuy qui purgea les estables d'Augee.

CX

Quand mon Caraciol de leur prison desserre
Mars, les ventz, et l'hyver : une ardente fureur,
Une fiere tempeste, une tremblante horreur
4 Ames, ondes, humeurs, ard, renverse, et reserre.

Quand il luy plait aussi de renfermer la guerre,
Et l'orage et le froid : une amoureuse ardeur,
Une longue bonasse, une doulce tiedeur
8 Brusle, apaise, et refoult les cœurs, l'onde et la terre.

Ainsi la paix à Mars il oppose en un temps,
Le beau temps à l'orage, à l'hyver le printemps,
11 Comparant Paule quart avec Jules troisieme.

Aussi ne furent onq deux siecles plus divers,
Et ne se peult mieulx voir l'endroit par le revers,
14 Que mettant Jules tiers avec Paule quatrieme.

CXI

Je n'ay jamais pensé que ceste voulte ronde
Couvrist rien de constant : mais je veulx désormais,
Je veulx (mon cher Morel) croire plus que jamais
4 Que dessous ce grand Tout rien ferme ne se fonde.

Puisque celuy qui fut de la terre et de l'onde
Le tonnerre et l'effroy, las de porter le faiz
Veut d'un cloistre borner la grandeur de ses faicts,
8 Et pour servir à Dieu abandonner le monde.

Mais quoy? que dirons-nous de cet autre vieillard,
Lequel ayant passé son aage plus gaillard
11 Au service de Dieu, ores César imite?

Je ne sçais qui des deux est le moins abusé :
Mais je pense (Morel) qu'il est fort mal aisé
14 Que l'un soit bon guerrier, ny l'autre bon ermite.

CXII

Quand je voy ces seigneurs, qui l'espee et la lance
Ont laissé pour vestir ce sainct orgueil romain,
Et ceux-là, qui ont pris le baston en la main,
4 Sans avoir jamais fait preuve de leur vaillance :

Quand je les voy (Ursin) si chiches d'audience,
Que souvent par quatre huiz on la mendie en vain :
Et quand je voy l'orgueil d'un Camerier hautain,
8 Lequel feroit à Job perdre la patience :

Il me souvient alors de ces lieux enchantez,
Qui sont en *Amadis* et *Palmerin* chantez,
11 Desquelz l'entree estoit si cherement vendue.

Puis je dis : O combien le palais que je voy
Me semble different du palais de mon Roy,
14 Ou lon ne trouve point de chambre deffendue!

CXIII

Avoir veu devaller une triple Montagne,
Apparoir une Biche, et disparoir soudain,
Et dessus le tombeau d'un Empereur Romain
4 Une vieille Caraffe eslever pour enseigne :

Ne voir qu'entrer soldats, et sortir en campagne,
Emprisonner seigneurs pour un crime incertain,
Retourner forussiz, et le Napolitain
8 Commander en son rang à l'orgueil de l'Espagne :

Force nouveaux seigneurs, dont les plus apparents
Sont de sa Saincteté les plus proches parents,
11 Et force Cardinaux, qu'à grand' peine lon nomme :

Force braves chevaux, et force haults colletz,
Et force favoriz, qui n'estoient que valletz,
14 Voila (mon cher Dagaut) des nouvelles de Rome.

CXIV

O trois et quatre fois malheureuse la terre,
Dont le Prince ne void que par les yeux d'autruy,
N'entend que par ceulx-là, qui respondent pour luy,
4 Aveugle, sourd, et mut, plus que n'est une pierre!

Telz sont ceulx-là (Seigneur) qu'aujourd'huy lon reserre
Oisifz dedans leur chambre, ainsi qu'en un estuy,
Pour durer plus long temps, et ne sentir l'ennuy,
8 Que sent leur pauvre peuple accablé de la guerre.

Ilz se paissent, enfans, de trompes et canons,
De fifres, de tabours, d'enseignes, gomphanons,
11 Et de voir leur province aux ennemis en proye.

Tel estoit cestui-là, qui du hault d'une tour,
Regardant ondoyer la flamme tout autour,
14 Pour se donner plaisir chantoit le feu de Troye.

CXV

O que tu es heureux, si tu cognois ton heur,
D'estre eschappé des mains de ceste gent cruelle,
Qui sous un faulx semblant d'amitié mutuelle
4 Nous desrobbe le bien, et la vie, et l'honneur!

Ou tu es (mon Dagaut) la secrette rancueur,
Le soing qui comme un' hydre en nous se renouvelle,
L'avarice, l'envie, et la haine immortelle,
8 Du chetif courtisan n'empoisonnent le cœur.

La molle oysiveté n'y engendre le vice,
Le serviteur n'y perd son temps et son service,
11 Et n'y mesdit on point de cil qui est absent :

La justice y a lieu, la foy n'en est banie,
Là ne sçait-on que c'est de prendre à compagnie,
14 A change, à cense, à floc, et à trente pour cent.

CXVI

Fuyons (Dilliers) fuyons ceste cruelle terre,
Fuyons ce bord avare, et ce peuple inhumain,
Que des Dieux iritez la vengeresse main
4 Ne nous accable encor' sous un mesme tonnerre.

Mars est désenchainé, le temple de la guerre
Est ouvert à ce coup : le grand Prestre Romain
Veult foudroyer là bas l'heretique Germain,
8 Et l'Espagnol marran, ennemis de sainct Pierre,

On ne void que soldats, enseignes, gomphanons,
On n'oit que tabourins, trompettes, et canons,
11 On ne voit que chevaux courans parmy la plaine :

On n'oit plus raisonner que de sang, et de feu,
Maintenant on voira, si jamais on l'a veu,
14 Comment se sauvera la nacelle Romaine.

CXVII

Celuy vrayement estoit et sage, et bien appris,
Qui cognoissant du feu la semence divine,
Estre des Animans la premiere origine,
4 De substance de feu dit estre noz esprits.

Le corps est le tison de ceste ardeur espris,
Lequel d'autant qu'il est de matiere plus fine,
Fait un feu plus luisant, et rend l'esprit plus digne
8 De monstrer ce qui est en soy-mesme compris.

Ce feu donques celeste, humble de sa naissance,
S'esleve peu à peu au lieu de son essence,
11 Tant qu'il soit parvenu au poinct de sa grandeur :

Adonc il diminue, et sa force lassee,
Par faulte d'aliment en cendres abbaissee,
14 Sent faillir tout à coup sa languissante ardeur.

CXVIII

Quand je voy ces Messieurs, desquelz l'auctorité
Se void ores icy commander en son rang,
D'un front audacieux cheminer flanc à flanc,
4 Il me semble de voir quelque divinité.

Mais les voyant pallir lors que sa Saincteté
Crache dans un bassin, et d'un visage blanc
Cautement espier s'il y a point de sang,
8 Puis d'un petit soubriz feindre une seureté :

O combien (dy-je alors) la grandeur que je voy,
Est miserable au pris de la grandeur d'un Roy!
11 Malheureux qui si cher achete tel honneur.

Vrayement le fer meurtrier, et le rocher aussi
Pendent bien sur le chef de ces Seigneurs icy,
14 Puis que d'un vieil filet depend tout leur bon heur.

CXIX

Brusquet à son retour vous racontera (Sire)
De ces rouges prelatz la pompeuse apparence,
Leurs mules, leurs habitz, leur longue reverence,
4 Qui se peult beaucoup mieulx representer que dire.

Il vous racontera, s'il les sçait bien descrire,
Les mœurs de ceste court, et quelle difference
Se void de ces grandeurs à la grandeur de France,
8 Et mille autres bons poincts, qui sont dignes de rire.

Il vous peindra la forme, et l'habit du sainct Pere,
Qui, comme Jupiter, tout le monde tempere
11 Aveques un clin d'œil : sa faconde et sa grace,

L'honnesteté des siens, leur grandeur et largesse,
Les presents qu'on luy feit, et de quelle caresse
14 Tout ce qui se dit vostre à Rome lon embrasse.

CXX

Voicy le Carneval, menons chascun la sienne,
Allons baller en masque, allons nous pourmener,
Allons voir Marc Antoine ou Zany bouffonner,
4 Avec son Magnifique à la Venitienne :

Voyons courir le pal à la mode ancienne,
Et voyons par le nez le sot bufle mener :
Voyons le fier taureau d'armes environner,
8 Et voyons au combat l'adresse Italienne :

Voyons d'œufz parfumez un orage gresler,
Et la fusee ardent' siffler menu par l'air.
11 Sus donc depeschons nous, voicy la pardonnance :

Il nous fauldra demain visiter les saincts lieux,
Là nous ferons l'amour, mais ce sera des yeux,
14 Car passer plus avant c'est contre l'ordonnance.

CXXI

Se fascher tout le jour d'une fascheuse chasse,
Voir un brave taureau se faire un large tour,
Estonné de se voir tant d'hommes alentour,
4 Et cinquante picquiers affronter son audace :

Le voir en s'elançant venir la teste basse,
Fuïr et retourner d'un plus brave retour,
Puis le voir à la fin pris en quelque destour,
8 Percé de mille coups ensanglanter la place :

Voir courir aux flambeaux, mais sans se rencontrer,
Donner trois coups d'espee, en armes se monstrer,
11 Et tout autour du camp un rampart de Thudesques :

Dresser un grand apprest, faire attendre long temps,
Puis donner à la fin un maigre passetemps :
14 Voila tout le plaisir des festes Romanesques.

CXXII

Ce pendant qu'au Palais de procez tu devises,
D'advocats, procureurs, presidents, conseilliers,
D'ordonnances, d'arrestz, de nouveaux officiers,
4 De juges corrompuz, et de telles surprises :

Nous devisons icy de quelques villes prises,
De nouvelles de banque, et de nouveaux courriers,
De nouveaux Cardinaux, de mules, d'estaffiers,
8 De chappes, de rochetz, de masses, et valises :

Et ores (Sibilet) que je t'escry cecy,
Nous parlons de taureaux, et de bufles aussi,
11 De masques, de banquets, et de telles despenses :

Demain nous parlerons d'aller aux stations,
De motu-proprio, de reformations,
14 D'ordonnances, de briefz, de bulles, et dispenses.

CXXIII

Nous ne sommes faschez que la trefve se face :
Car bien que nous soyons de la France bien loing,
Si est chascun de nous à soymesme tesmoing,
4 Combien la France doit de la guerre estre lasse.

Mais nous sommes faschez que l'Espagnole audace,
Qui plus que le François de repos a besoing,
Se vante avoir la guerre et la paix en son poing,
8 Et que de respirer nous luy donnons espace.

Il nous faschc d'ouïr noz pauvres alliez
Se plaindre à tous propos qu'on les ait oubliez,
11 Et qu'on donne au privé l'utilité commune :

Mais ce qui plus nous fasche, est que les estrangers
Disent plus que jamais, que nous sommes legers,
14 Et que nous ne sçavons cognoistre la fortune.

CXXIV

Le Roy (disent icy ces baniz de Florence)
Du sceptre d'Italie est frustré desormais,
Et son heureuse main cest heur n'aura jamais,
4 De reprendre aux cheveux la fortune de France.

Le Pape mal content n'aura plus de fiance
En tous ces beaux desseings trop legerement faictz,
Et l'exemple Sienois rendra par ceste paix
8 Suspecte aux estrangers la Françoise alliance.

L'Empereur affoibly ses forces reprendra,
L'Empire hereditaire à ce coup il rendra,
11 Et paisible à ce coup il rendra l'Angleterre.

Voila que disent ceulx, qui discourent du Roy :
Que leur respondrons-nous ? Vineus, mande le moy,
14 Toy, qui sçais discourir et de paix et de guerre.

CXXV

Dedans le ventre obscur, ou jadis fut encloz
Tout cela qui depuis a remply ce grand vuyde,
L'air, la terre, et le feu, et l'element liquide,
4 Et tout cela qu'Atlas soustient dessus son doz,

Les semences du Tout estoient encor' en gros,
Le chault avec le sec, le froid avec l'humide,
Et l'accord, qui depuis leur imposa la bride,
8 N'avoit encor' ouvert la porte du Chaos :

Car la guerre en avoit la serrure brouillee,
Et la clef en estoit par l'aage si rouillee,
11 Qu'en vain, pour en sortir, combatoit ce grand corps,

Sans la trefve (Seigneur) de la paix messagere,
Qui trouva le secret, et d'une main legere
14 La paix avec l'amour en fit sortir dehors.

CXXVI

Tu sois la bien venue, ô bienheureuse trefve!
Trefve, que le Chrestien ne peult assez chanter,
Puis que seule tu as la vertu d'enchanter
4 De noz travaulx passez la souvenance greve.

Tu dois durer cinq ans : et que l'envie en creve :
Car si le ciel bening te permet enfanter
Ce qu'on attend de toy, tu te pourras vanter
8 D'avoir fait une paix, qui ne sera si breve.

Mais si le favory en ce commun repos
Doit avoir desormais le temps plus à propos
11 D'accuser l'innocent, pour luy ravir sa terre :

Si le fruict de la paix du peuple tant requis
A l'avare advocat est seulement acquis :
14 Trefve, va t'en en paix, et retourne la guerre.

CXXVII

Icy de mille fards la traison se deguise,
Icy mille forfaicts pullulent à foison,
Icy ne se punit l'homicide ou poison,
4 Et la richesse icy par usure est acquise :

Icy les grands maisons viennent de bastardise,
Icy ne se croit rien sans humaine raison,
Icy la volupté est tousjours de saison,
8 Et d'autant plus y plaist, que moins elle est permise.

Pense le demourant. Si est-ce toutefois
Qu'on garde encor' icy quelque forme de loix,
11 Et n'en est point du tout la justice bannie.

Icy le grand seigneur n'achete l'action,
Et pour priver autruy de sa possession
14 N'arme son mauvais droit de force et tyrannie.

CXXVIII

Ce n'est pas de mon gré (Carle) que ma navire
Erre en la mer Tyrrhene : un vent impetueux
La chasse maulgré moy par ces flots tortueux,
4 Ne voyant plus le pol, qui sa faveur t'inspire,

Je ne voy que rochers, et si rien se peult dire
Pire que des rochers le hurt audacieux :
Et le phare jadis favorable à mes yeux
8 De mon cours egaré sa lanterne retire.

Mais si je puis un jour me sauver des dangers
Que je fuy vagabond par ces flots estrangers,
11 Et voir de l'Ocean les campagnes humides,

J'arresteray ma nef au rivage Gaulois,
Consacrant ma despouille au Neptune François,
14 A Glauque, à Melicerte, et aux sœurs Nereïdes.

CXXIX

Je voy (Dilliers) je voy serener la tempeste,
Je voy le vieil Proté son troppeau renfermer,
Je voy le verd Triton s'egaier sur la mer,
4 Et voy l'Astre jumeau flamboier sur ma teste :

Ja le vent favorable à mon retour s'appreste,
Ja vers le front du port je commence à ramer,
Et voy ja tant d'amis, que ne les puis nommer,
8 Tendant les bras vers moy, sur le bord faire feste.

Je voy mon grand Ronsard, je le cognois d'ici,
Je voy mon cher Morel, et mon Dorat aussi,
11 Je voy mon Delahaie, et mon Paschal encore :

Et voy un peu plus loing (si je ne suis deceu)
Mon divin Mauleon, duquel, sans l'avoir veu,
14 La grace, le sçavoir, et la vertu j'adore.

CXXX

Et je pensois aussi ce que pensoit Ulysse,
Qu'il n'estoit rien plus doulx que voir encor' un jour
Fumer sa cheminee, et apres long sejour
4 Se retrouver au sein de sa terre nourrice.

Je me resjouissois d'estre eschappé au vice,
Aux Circes d'Italie, aux Sirenes d'amour,
Et d'avoir rapporté en France à mon retour
8 L'honneur que lon s'acquiert d'un fidele service.

Las, mais apres l'ennuy de si longue saison,
Mille souciz mordans je trouve en ma maison,
11 Qui me rongent le cœur sans espoir d'allegeance.

Adieu donques (Dorat) je suis encor' Romain,
Si l'arc que les neuf sœurs te meirent en la main
14 Tu ne me preste icy, pour faire ma vengeance.

CXXXI

Morel, dont le sçavoir sur tout autre je prise,
Si quelqu'un de ceulx-là, que le Prince Lorrain
Guida dernierement au rivage Romain,
4 Soit en bien, soit en mal, de Rome te devise :

Dy, qu'il ne sçait que c'est du siege de l'eglise,
N'y ayant esprouvé que la guerre, et la faim,
Que Rome n'est plus Rome, et que celuy en vain
8 Presume d'en juger, qui bien ne l'a comprise.

Celuy qui par la ruë a veu publiquement
La courtisane en coche, ou qui pompeusement
11 L'a peu voir à cheval en accoustrement d'homme

Superbe se monstrer : celuy qui de plein jour
Aux Cardinaux en cappe à veu faire l'amour,
14 C'est celuy seul (Morel) qui peult juger de Rome.

CXXXII

Vineus, je ne vis onc si plaisante province,
Hostes si gracieux, ny peuple si humain,
Que ton petit Urbin, digne que sous sa main
4 Le tienne un si gentil et si vertueux Prince.

Quant à l'estat du Pape, il fallut que j'apprinse
A prendre en patience et la soif et la faim :
C'est pitié, comme là le peuple est inhumain,
8 Comme tout y est cher, et comme lon y pinse.

Mais tout cela n'est rien au pris du Ferrarois :
Car je ne vouldrois pas pour le bien de deux Rois,
11 Passer encor' un coup par si penible enfer.

Bref, je ne sçay (Vineus) qu'en conclure à la fin,
Fors, qu'en comparaison de ton petit Urbin,
14 Le peuple de Ferrare est un peuple de fer.

CXXXIII

Il fait bon voir (Magny) ces Coïons magnifiques,
Leur superbe Arcenal, leurs vaisseaux, leur abbord,
Leur sainct Marc, leur Palais, leur Realte, leur port,
4 Leurs changes, leurs profits, leur banque, et leurs tra-
                                                    [fiques :

Il fait bon voir le bec de leurs chapprons antiques,
Leurs robbes à grand'manche, et leurs bonnets sans bord,
Leur parler tout grossier, leur gravité, leur port,
8 Et leurs sages advis aux affaires publiques.

Il fait bon voir de tout leur Senat balloter,
Il fait bon voir par tout leurs gondolles flotter,
11 Leurs femmes, leurs festins, leur vivre solitaire :

Mais ce que lon en doit le meilleur estimer,
C'est quand ces vieux coquz vont espouser la mer,
14 Dont ilz sont les maris, et le Turc l'adultere.

CXXXIV

LEZ GRISONS

Celuy qui d'amitié a violé la loy,
Cherchant de son amy la mort et vitupere :
Celuy qui en procez a ruiné son frere,
4 Ou le bien d'un mineur a converty à soy :

Celuy qui a trahy sa patrie et son Roy,
Celuy qui comme Œdipe a fait mourir son pere,
Celuy qui comme Oreste a fait mourir sa mere,
8 Celuy qui a nié son baptesme et sa foy :

Marseille, il ne fault point que pour la penitence
D'une si malheureuse abominable offense,
11 Son estomac plombé martelant nuict et jour,

Il voise errant nuds piedz ne six ne sept annees :
Que les Grysons, sans plus, il passe à ses journees,
14 J'entens s'il veult que Dieu lui doive du retour.

CXXXV

SUISSE

La terre y est fertile, amples les edifices,
Les poelles bigarrez, et les chambres de bois,
La police immuable, immuables les loix,
4 Et le peuple ennemy de forfaicts et de vices.

Ilz boivent nuict et jour en Bretons et Suysses,
Ilz sont gras et refaits, et mangent plus que trois :
Voilà les compagnons et correcteurs des Rois,
8 Que le bon Rabelais a surnommez Saulcisses.

Ilz n'ont jamais changé leurs habitz et façons,
Ilz hurlent comme chiens leurs barbares chansons,
11 Ilz comptent à leur mode, et de tout se font croire :

Ilz ont force beaux lacs, et force sources d'eau,
Force prez, force bois. J'ay du reste (Belleau)
14 Perdu le souvenir, tant ilz me firent boire.

CXXXVI

DE GENÈVE

Je les ay veuz (Bizet) et si bien m'en souvient,
J'ay veu dessus leur front la repentance peinte,
Comme on void ces esprits qui là bas font leur plainte,
4 Ayant passé le lac d'ou plus on ne revient.

Un croire de leger les folz y entretient
Sous un pretexte faulx de liberté contrainte :
Les coulpables fuitifz y demeurent par crainte.
8 Les plus fins et rusez honte les y retient.

Au demeurant (Bizet) l'avarice et l'envie,
Et tout cela qui plus tormente nostre vie,
11 Domine en ce lieu là plus qu'en tout autre lieu.

Je ne veis onques tant l'un l'autre contre-dire,
Je ne veis onques tant l'un de l'autre mesdire :
14 Vray est, que, comme icy, lon n'y jure point Dieu.

CXXXVII

LYON

Sceve, je me trouvay, comme le filz d'Anchise
Entrant dans l'Elysee, et sortant des enfers,
Quand apres tant de monts de neige tous couvers
4 Je vey ce beau Lyon, Lyon que tant je prise.

Son estroicte longueur, que la Sone divise,
Nourrit mil artisans, et peuples tous divers :
Et n'en desplaise à Londre', à Venise, et Anvers,
8 Car Lyon n'est pas moindre en faict de marchandise.

Je m'estonnay d'y voir passer tant de courriers,
D'y voir tant de banquiers, d'imprimeurs, d'armeuriers,
11 Plus dru que lon ne void les fleurs par les prairies.

Mais je m'estonnay plus de la force des pontz,
Dessus lesquelz on passe, allant dela les montz,
14 Tant de belles maisons, et tant de metairies.

CXXXVIII

PARIS

De-vaulx, la mer reçoit tous les fleuves du monde,
Et n'en augmente point : semblable à la grand' mer
Est ce Paris sans pair, ou lon void abysmer
4 Tout ce qui là dedans de toutes parts abonde.

Paris est en sçavoir une Grece feconde,
Une Rome en grandeur Paris on peult nommer,
Une Asie en richesse on le peult estimer,
8 En rares nouveautez une Afrique seconde.

Bref, en voyant (De-vaulx) ceste grande cité,
Mon œil, qui paravant estoit exercité
11 A ne s'emerveiller des choses plus estranges,

Print esbaïssement. Ce qui ne me peut plaire,
Ce fut l'estonnement du badaud populaire,
14 La presse des chartiers, les procez, et les fanges.

CXXXIX

Si tu veulx vivre en Court (Dilliers) souvienne-toy
De t'accoster tousjours des mignons de ton maistre,
Si tu n'es favory, faire semblant de l'estre,
4 Et de t'accommoder aux passetemps du Roy.

Souvienne-toy encor' de ne prester ta foy
Au parler d'un chascun : mais sur tout sois adextre
A t'aider de la gauche, autant que de la dextre :
8 Et par les mœurs d'autruy à tes mœurs donne loy.

N'avance rien du tien (Dilliers) que ton service,
Ne monstre que tu sois trop ennemy du vice,
11 Et sois souvent encor' muet, aveugle, et sourd.

Ne fay que pour autruy importun on te nomme :
Faisant ce que je dy, tu seras galland homme :
14 T'en souvienne (Dilliers) si tu veulx vivre en Court.

CXL

Si tu veulx seurement en Court te maintenir,
Le silence (Ronsard) te soit comme un decret.
Qui baille à son amy la clef de son secret,
4 Le fait de son amy son maistre devenir.

Tu dois encor' (Ronsard) ce me semble, tenir
Aveq' ton ennemy quelque moyen discret,
Et faisant contre luy, monstrer qu'à ton regret
8 Le seul devoir te fait en ces termes venir.

Nous voyons bien souvent une longue amitié
Se changer pour un rien en fiere inimitié,
11 Et la haine en amour souvent se transformer.

Dont (veu le temps qui court) il ne fault s'esbaïr.
Ayme donques (Ronsard) comme pouvant haïr,
14 Haïs donques (Ronsard) comme pouvant aymer.

CXLI

Amy, je t'apprendray (encores que tu sois,
Pour te donner conseil, de toymesme assez sage)
Comme jamais tes vers ne te feront oultrage,
4 Et ce qu'en tes escripts plus eviter tu dois.

Si de Dieu ou du Roy tu parles quelquefois,
Fay que tu sois prudent, et sobre en ton langage :
Le trop parler de Dieu porte souvent dommage,
8 Et longues sont les mains des Princes et des Rois.

Ne t'attache à qui peult, si sa fureur l'allume,
Venger d'un coup d'espee un petit traict de plume,
11 Mais presse (comme on dit) ta levre avec le doy.

Ceulx que de tes bons motz tu vois pasmer de rire,
Si quelque oultrageux fol t'en veult faire desdire,
14 Ce seront les premiers à se mocquer de toy.

CXLII

Cousin, parle tousjours des vices en commun,
Et ne discours jamais d'affaires à la table,
Mais sur tout garde toy d'estre trop veritable,
4 Si en particulier tu parles de quelqu'un.

Ne commets ton secret à la foy d'un chascun,
Ne dy rien qui ne soit pour le moins vray-semblable :
Si tu mens, que ce soit pour chose profitable,
8 Et qui ne tourne point au deshonneur d'aucun.

Sur tout garde toy bien d'estre double en paroles,
Et n'use sans propos de finesses frivoles,
11 Pour acquerir le bruit d'estre bon courtisan.

L'artifice caché c'est le vray artifice :
La souris bien souvent perit par son indice,
14 Et souvent par son art se trompe l'artisan.

CXLIII

Bizet, j'aymerois mieulx faire un bœuf d'un formy,
Ou faire d'une mouche un Indique Elephant,
Que le bon heur d'autruy par mes vers estoufant,
4 Me faire d'un chascun le publiq ennemy.

Souvent pour un bon mot on perd un bon amy,
Et tel par ses bons motz croit (tant il est enfant)
S'estre mis sur la teste un chapeau triomphant,
8 A qui mieulx eust valu estre bien endormy.

La louange (Bizet) est facile à chascun,
Mais la Satyre n'est un ouvrage commun :
11 C'est, trop plus qu'on ne pense, un œuvre industrieux.

Il n'est rien si fascheux qu'un brocard mal plaisant,
Et fault bien (comme on dit) bien dire en mesdisant,
14 Veu que le louer mesme est souvent odieux.

CXLIV

Gordes, je sçaurois bien faire un conte à la table,
Et s'il estoit besoing, contrefaire le sourd :
J'en sçaurois bien donner, et faire à quelque lourd
4 Le vray resembler faulx, et le faulx veritable.

Je me sçaurois bien rendre à chascun accointable,
Et façonner mes mœurs aux mœurs du temps qui court :
Je sçaurois bien prester (comme on dit à la Court)
8 Aupres d'un grand seigneur quelque œuvre charitable.

Je sçaurois bien encor, pour me mettre en avant,
Vendre de la fumee à quelque poursuivant,
11 Et pour estre employé en quelque bon affaire,

Me feindre plus ruzé cent fois que je ne suis :
Mais ne le voulant point (Gordes) je ne le puis,
14 Et si ne blasme point ceulx qui le sçavent faire.

CXLV

Tu t'abuses (Belleau) si pour estre sçavant,
Sçavant et vertueux, tu penses qu'on te prise :
Il fault (comme lon dit) estre homme d'entreprise,
4 Si tu veulx qu'à la Court on te pousse en avant.

Ces beaux noms de vertu, ce n'est rien que du vent.
Donques, si tu es sage, embrasse la feintise,
L'ignorance, l'envie, avec la convoitise :
8 Par ces artz jusqu'au ciel on monte bien souvent.

La science à la table est des seigneurs prisee,
Mais en chambre (Belleau) elle sert de risee :
11 Garde, si tu m'en crois, d'en acquerir le bruit.

L'homme trop vertueux desplait au populaire :
Et n'est-il pas bien fol, qui s'efforçant de plaire,
14 Se mesle d'un mestier que tout le monde fuit ?

CXLVI

Souvent nous faisons tort nous mesme' à nostre ouvrage,
Encor' que nous soyons de ceulx qui font le mieulx :
Soit par trop quelquefois contrefaire les vieux,
4 Soit par trop imiter ceulx qui sont de nostre aage.

Nous ostons bien souvent aux Princes le courage
De nous faire du bien : nous rendant odieux,
Soit pour en demandant estre trop ennuyeux,
8 Soit pour trop nous louant aux autres faire oultrage.

Et puis nous nous plaignons de voir nostre labeur
Veuf d'applaudissement, de grace, et de faveur,
11 Et de ce que chascun à son œuvre souhaite.

Bref, loue qui vouldra son art, et son mestier,
Mais cestui-là (Morel) n'est pas mauvais ouvrier,
14 Lequel sans estre fol, peult estre bon poëte.

CXLVII

Ne te fasche (Ronsard) si tu vois par la France
Fourmiller tant d'escripts : ceulx qui ont merité
D'estre advouez pour bons de la posterité,
4 Portent leur sauf-conduit, et lettre d'asseurance.

Tout œuvre qui doit vivre, il a des sa naissance
Un Demon qui le guide à l'immortalité :
Mais qui n'a rencontré telle nativité,
8 Comme un fruict abortif, n'a jamais accroissance.

Virgile eut ce Demon, et l'eut Horace encor,
Et tous ceulx qui du temps de ce bon siecle d'or,
11 Estoient tenuz pour bons : les autres n'ont plus vie.

Qu'eussions-nous leurs escripts, pour voir de nostre
[temps
Ce qui aux anciens servoit de passetemps,
14 Et quelz estoient les vers d'un indocte Mevie.

CXLVIII

Autant comme lon peult en un autre langage
Une langue exprimer, autant que la nature
Par l'art se peult monstrer, et que par la peinture
4 On peult tirer au vif un naturel visage :

Autant exprimes-tu, et encor d'avantage,
Aveques le pinceau de ta docte escriture,
La grace, la façon, le port, et la stature
8 De celuy, qui d'Enee a descript le voyage.

Ceste mesme candeur, ceste grace divine,
Ceste mesme doulceur, et majesté Latine,
11 Qu'en ton Virgile on void, c'est celle mesme encore,

Qui Françoise se rend par ta celeste veine.
Des-Masures, sans plus, a faulte d'un Mecene,
14 Et d'un autre Cesar, qui ses vertuz honnore.

CXLIX

Vous dictes (Courtisans) les Poëtes sont fouls,
Et dictes verité : mais aussi dire j'ose,
Que telz que vous soyez, vous tenez quelque chose
4 De ceste doulce humeur qui est commune à tous.

Mais celle-là (Messieurs) qui domine sur vous,
En autres actions diversement s'expose :
Nous sommes fouls en ryme, et vous l'estes en prose :
8 C'est le seul different qu'est entre vous et nous.

Vray est que vous avez la Court plus favorable,
Mais aussi n'avez vous un renom si durable :
11 Vous avez plus d'honneurs, et nous moins de souci.

Si vous riez de nous, nous faisons la pareille :
Mais cela qui se dit, s'en vole par l'oreille :
14 Et cela qui s'escript, ne se perd pas ainsi.

CL

Seigneur, je ne sçaurois regarder d'un bon œil
Ces vieux Singes de Court, qui ne sçavent rien faire,
Sinon en leur marcher les Princes contrefaire,
4 Et se vestir, comme eulx, d'un pompeux appareil.

Si leur maistre se mocque, ilz feront le pareil,
S'il ment, ce ne sont eulx, qui diront du contraire :
Plustost auront-ilz veu, à fin de luy complaire,
8 La Lune en plein midy, à minuict le Soleil.

Si quelqu'un devant eulx reçoit un bon visage,
Ilz le vont caresser, bien qu'ilz crevent de rage :
11 S'il le reçoit mauvais, ilz le monstrent au doy.

Mais ce qui plus contre eulx, quelquefois me despite,
C'est quand devant le Roy, d'un visage hypocrite,
14 Ilz se prennent à rire, et ne sçavent pourquoy.

CLI

Je ne te prie pas de lire mes escripts,
Mais je te prie bien qu'ayant fait bonne chere,
Et joué toute nuict aux dez, à la premiere,
4 Et au jeu que Venus t'a sur tous mieulx appris,

Tu ne viennes icy desfascher tes esprits,
Pour te mocquer des vers que je metz en lumiere,
Et que de mes escripts la leçon coustumiere,
8 Par faulte d'entretien, ne te serve de riz.

Je te priray encor', quiconques tu puisse' estre,
Qui, brave de la langue, et foible de la dextre,
11 De blesser mon renom te monstres tousjours prest,

Ne mesdire de moy : ou prendre patience,
Si ce que ta bonté me preste en conscience,
14 Tu te le vois par moy rendre à double interest.

CLII

Si mes escripts (Ronsard) sont semez de ton loz,
Et si le mien encor' tu ne dedaignes dire,
D'estre enclos en mes vers ton honneur ne desire,
4 Et par là je ne cherche en tes vers estre enclos.

Laissons donc, je te pry, laissons causer ces sotz,
Et ces petits gallands, qui ne sachant que dire,
Disent, voyant Ronsard et Bellay s'entr' escrire,
8 Que ce sont deux muletz qui se grattent le doz.

Noz louanges (Ronsard) ne font tort à personne :
Et quelle loy defend que l'un à l'autre en donne,
11 Si les amis entre eulx des presens se font bien ?

On peult comme l'argent trafiquer la louange,
Et les louanges sont comme lettres de change,
14 Dont le change et le port (Ronsard) ne couste rien.

CLIII

On donne les degrez au sçavant escholier :
On donne les estats à l'homme de justice,
On donne au courtisan le riche benefice,
4 Et au bon capitaine on donne le collier :

On donne le butin au brave avanturier,
On donne à l'officier les droits de son office,
On donne au serviteur le gaing de son service,
8 Et au docte poëte on donne le laurier.

Pourquoy donc fais-tu tant lamenter Calliope,
Du peu de bien qu'on fait à sa gentille troppe ?
11 Il fault (Jodelle) il fault autre labeur choisir,

Que celuy de la Muse, à qui veult qu'on l'avance :
Car quel loyer veulx-tu avoir de ton plaisir,
14 Puis que le plaisir mesme en est la recompense ?

CLIV

Si tu m'en crois (Baïf) tu changeras Parnasse
Au Palais de Paris, Helicon au parquet,
Ton laurier en un sac, et ta lyre au caquet
4 De ceulx qui pour serrer, la main n'ont jamais lasse.

C'est à ce mestier là, que les biens on amasse,
Non à celuy des vers, ou moins y a d'acquêt,
Qu'au mestier d'un boufon, ou celuy d'un naquet.
8 Fy du plaisir (Baïf) qui sans profit se passe.

Laissons donc, je te pry, ces babillardes Sœurs,
Ce causeur Apollon, et ces vaines doulceurs,
11 Qui pour tout leur tresor n'ont que des lauriers verds.

Aux choses de profit, ou celles qui font rire,
Les grands ont aujourdhuy les oreilles de cire.
14 Mais ilz les ont de fer, pour escouter les vers.

CLV

Thiard, qui as changé en plus grave escriture
Ton doulx stile amoureux : Thiard, qui nous a fait
D'un Petrarque un Platon, et si rien plus parfait
4 Se trouve que Platon, en la mesme nature :

Qui n'admire du ciel la belle architecture,
Et de tout ce qu'on voit les causes et l'effect,
Celuy vrayement doit estre un homme contrefait,
8 Lequel n'a rien d'humain, que la seule figure.

Contemplons donc (Thiard) ceste grand voulte ronde,
Puis que nous sommes faits à l'exemple du monde :
11 Mais ne tenons les yeulx si attachez en hault,

Que pour ne les baisser quelquefois vers la terre,
Nous soyons en danger, par le hurt d'une pierre,
14 De nous blesser le pied, ou de prendre le sault.

CLVI

Par ses vers Teïens Belleau me fait aymer
Et le vin, et l'amour : Baïf, ta challemie
Me fait plus qu'une royne une rustique amie,
4 Et plus qu'une grand' ville un village estimer.

Le docte Pelletier fait mes flancz emplumer,
Pour voler jusqu'au ciel avec son Uranie :
Et par l'horrible effroy d'une estrange armonie
8 Ronsard de pié en cap hardy me fait armer.

Mais je ne sçay comment ce Demon de Jodelle,
(Demon est-il vrayement, car d'une voix mortelle
11 Ne sortent point ses vers) tout soudain que je l'oy,

M'aiguillonne, m'espoingt, m'espovante, m'affolle,
Et comme Apollon fait de sa prestresse folle,
14 A moymesmes m'ostant, me ravit tout à soy.

CLVII

En-cependant (Clagny) que de mil argumens
Variant le desseing du royal edifice,
Tu vas renouvelant d'un hardy frontispice
4 La superbe grandeur des plus vieux monumens,

Avec d'autres compaz, et d'autres instrumens,
Fuyant l'ambition, l'envie, et l'avarice,
Aux Muses je bastis d'un nouvel artifice
8 Un palais magnifique à quatre appartemens.

Les Latines auront un ouvrage Dorique
Propre à leur gravité, les Greques un Attique
11 Pour leur naïfveté, les Françoises auront

Pour leur grave doulceur une œuvre Ionienne :
D'ouvrage elabouré à la Corinthienne
14 Sera le corps d'hostel, où les Thusques seront.

CLVIII

De ce royal palais, que bastiront mes doigts,
Si la bonté du Roy me fournit de matiere,
Pour rendre sa grandeur et beauté plus entiere,
4 Les ornemens seront de traicts et d'arcs turquois.

Là d'ordre flanc à flanc se voyront tous noz Rois,
Là se voyra maint Faune, et Nymphe passagere :
Sur le portail sera la Vierge forestiere,
8 Aveques son croissant, son arc, et son carquois.

L'appartement premier Homere aura pour marque,
Virgile le second, le troisieme Petrarque,
11 Du surnom de Ronsard le quatrieme on dira.

Chascun aura sa forme et son architecture,
Chascun ses ornemens, sa grace et sa peinture,
14 Et en chascun (Clagny) ton beau nom se lira.

CLIX

De vostre Dianet (de vostre nom j'appelle
Vostre maison d'Anet) la belle architecture,
Les marbres animez, la vivante peinture,
4 Qui la font estimer des maisons la plus belle :

Les beaux lambriz dorez, la luisante chappelle,
Les superbes dongeons, la riche couverture,
Le jardin tapissé d'eternelle verdure,
8 Et la vive fonteine à la source immortelle :

Ces ouvrages (Madame) à qui bien les contemple,
Rapportant de l'antiq' le plus parfait exemple,
11 Monstrent un artifice, et despense admirable.

Mais ceste grand' doulceur jointe à ceste haultesse,
Et cest Astre benin joint à ceste sagesse,
14 Trop plus que tout cela vous font emerveillable.

CLX

Entre tous les honneurs, dont en France est cognu
Ce renommé Bertran, des moindres n'est celuy
Que luy donne la Muse, et qu'on dise de luy,
4 Que par luy un Salel soit riche devenu.

Toy donc, à qui la France a des-ja retenu
L'un de ses plus beaux lieux, comme seul aujourdhuy
Où les arts ont fondé leur principal appuy,
8 Quand au lieu qui t'attend tu seras parvenu,

Fay que de ta grandeur ton Magny se resente,
Afin que si Bertran de son Salel se vante,
11 Tu te puisses aussi de ton Magny vanter.

Tous deux sont Quercinois, tous deux bas de stature :
Et ne seroient pas moins semblables d'escriture,
14 Si Salel avoit sceu plus doulcement chanter.

CLXI

Prelat, à qui les cieulx ce bon heur ont donné,
D'estre aggreable aux Rois : Prelat, dont la prudence
Par les degrez d'honneur a mis en evidence,
4 Que pour le bien publiq' Dieu t'avoit ordonné :

Prelat, sur tous prelatz sage et bien fortuné,
Prelat, garde des loix, et des seaulx de la France,
Digne que sur ta foy repose l'asseurance
8 D'un Roy le plus grand Roy qui fut onq couronné.

Devant que t'avoir veu, j'honnorois ta sagesse,
Ton sçavoir, ta vertu, ta grandeur, ta largesse,
11 Et si rien entre nous se doit plus honnorer :

Mais ayant esprouvé ta bonté nompareille,
Qui souvent m'a presté si doulcement l'oreille,
14 Je souhaite qu'un jour je te puisse adorer.

CLXII

A MONSEIGNEUR LE CHANCELIER OLIVIER

Apres s'estre basty sus les murs de Carthage
Un sepulchre eternel, Scipion irité
De voir à sa vertu ingrate sa cité,
4 Se banit de soymesme en un petit village.

Tu as fait (Olivier) mais d'un plus grand courage,
Ce que fit Scipion en son adversité,
Laissant, durant le cours de ta felicité,
8 La Court, pour vivre à toy le reste de ton aage.

Le bruit de Scipion maint coursaire attiroit
Pour contempler celuy que chascun admiroit.
11 Bien qu'il fust retiré en son petit Linterne.

On te fait le semblable : admirant ta vertu,
D'avoir laissé la Court, et ce monstre testu,
14 Ce peuple qui resemble à la beste de Lerne.

CLXIII

Il ne fault point (Duthier) pour mettre en evidence
Tant de belles vertus qui reluisent en toy,
Que je te rende icy l'honneur que je te doy
4 Celebrant ton sçavoir, ton sens, et ta prudence.

Le bruit de ta vertu est tel, que l'ignorance
Ne le peult ignorer : et qui loue le Roy,
Il fault qu'il loue encor' ta prudence, et ta foy :
8 Car ta gloire est conjointe à la gloire de France.

Je diray seulement que depuis noz ayeux
La France n'a point veu un plus laborieux
11 En sa charge que toy, et qu'autre ne se treuve

Plus courtois, plus humain, ne qui ait plus de soing
De secourir l'amy à son plus grand besoing.
14 J'en parle seurement, car j'en ay fait l'espreuve.

CLXIV

Combien que ton Magny ait la plume si bonne,
Si prendrois-je avec luy de tes vertus le soing,
Sachant que Dieu, qui n'a de noz presens besoing,
4 Demande les presens de plus d'une personne.

Je dirois ton beau nom, qui de luy mesme sonne
Ton bruit parmy la France, en Itale, et plus loing :
Et dirois que Henry est luymesme tesmoing,
8 Combien un Avanson avance sa couronne :

Je dirois ta bonté, ta justice, et ta foy,
Et mille autres vertus qui reluisent en toy,
11 Dignes qu'un seul Ronsard les sacre à la Memoire :

Mais sentant le soucy qui me presse le doz,
Indigne je me sens de toucher à ton loz,
14 Sçachant que Dieu ne veult qu'on prophane sa gloire.

CLXV

Quand je vouldray sonner de mon grand Avanson
Les moins grandes vertus, sur ma chorde plus basse,
Je diray sa faconde, et l'honneur de sa face,
4 Et qu'il est des neuf Sœurs le plus cher nourrisson.

Quand je vouldray toucher avec un plus hault son
Quelque plus grand' vertu, je chanteray sa grace,
Sa bonté, sa grandeur, qui la justice embrasse :
8 Mais là je ne mettray le but de ma chanson.

Car quand plus hautement je sonneray sa gloire,
Je diray que jamais les filles de Memoire
11 Ne diront un plus sage, et vertueux que luy,

Plus prompt à son devoir, plus fidele à son Prince,
Ne qui mieulx s'accommode au regne d'aujourdhuy,
14 Pour servir son Seigneur en estrange province.

CLXVI

Combien que ta vertu (Poulin) soit entendue
Par tout ou des François le bruit est entendu,
Et combien que ton nom soit au large estendu
4 Autant que la grand' mer est au large estendue :

Si faut-il toutefois que Bellay s'esvertue,
Aussi bien que la mer, de bruire ta vertu,
Et qu'il sonne de toy avec l'œrain tortu,
8 Ce que sonne Triton de sa trompe tortue.

Je diray que tu es le Tiphys du Jason,
Qui doit par ton moyen conquerir la toison,
11 Je diray ta prudence, et ta vertu notoire :

Je diray ton pouvoir qui sur la mer s'estend,
Et que les Dieux marins te favorisent tant,
14 Que les terrestres Dieux sont jaloux de ta gloire.

CLXVII

Sage De-l'hospital, qui seul de nostre France
Rabaisses aujourdhuy l'orgueil Italien,
Et qui nous monstres seul, d'un art Horacien,
4 Comme il fault chastier le vice et l'ignorance :

Si je voulais louer ton sçavoir, ta prudence,
Ta vertu, ta bonté, et ce qu'est vrayement tien,
A tes perfections je n'adjousterois rien,
8 Et pauvre me rendroit la trop grand' abondance.

Et qui pourroit, bons Dieux ! faire plus digne foy
Des rares qualitez qui reluisent en toy,
11 Que ceste autre Pallas, ornement de nostre aage ?

Ainsi jusqu'aujourdhuy, ainsi encor' void-on
Estre tant renommé le maistre de Platon,
14 Pource qu'il eut d'un Dieu la voix pour tesmoignage.

CLXVIII

AU CARDINAL DE LORRAINE

Nature à vostre naistre heureusement feconde,
Prodigue vous donna tout son plus et son mieux,
Soit ceste grand' doulceur qui luit dedans voz yeux,
4 Soit ceste majesté disertement faconde.

Vostre rare vertu, qui n'a point de seconde,
Et vostre esprit ailé, qui voisine les cieulx,
Vous ont donné le lieu le plus prochain des Dieux,
8 Et la plus grand' faveur du plus grand Roy du monde.

Bref, vous avez tout seul tout ce qu'on peult avoir
De richesse, d'honneur, de grace, et de sçavoir :
11 Que voulez-vous donc plus esperer d'avantage ?

Le libre jugement de la posterité,
Qui encor' qu'ell' assigne au ciel vostre partage,
14 Ne vous donnera pas ce qu'avez merité.

CLXIX

AU CARDINAL DE CHASTILLON

La fortune (Prelat) nous voulant faire voir
Ce qu'elle peult sur nous, a choisi de nostre aage
Celuy qui de vertu, d'esprit, et de courage
4 S'estoit le mieulx armé encontre son pouvoir.

Mais la vertu, qui n'est apprise à s'esmouvoir,
Non plus que le rocher se meut contre l'orage,
Dontera la fortune, et contre son oultrage
8 De tout ce qui luy fault, se sçaura bien pourvoir.

Comme ceste vertu immuable demeure,
Ainsi le cours du ciel se change d'heure en heure.
11 Aidez-vous donq (Seigneur) de vous mesme au besoing,

Et joyeux attendez la saison plus prospere,
Qui vous doit ramener vostre oncle et vostre frere :
14 Car et d'eux et de vous le ciel a pris le soing.

CLXX

A LA R. D'ÉCOSSE

Ce n'est pas sans propos qu'en vous le ciel a mis
Tant de beautez d'esprit, et de beautez de face,
Tant de royal honneur, et de royale grace,
4 Et que plus que cela vous est encor promis.

Ce n'est pas sans propos que les Destins amis,
Pour rabaisser l'orgueil de l'Espagnole audace,
Soit par droit d'alliance, ou soit par droit de race,
8 Vous ont par leurs arrestz trois grans peuples soubmis.

Ilz veulent que par vous la France et l'Angleterre
Changent en longue paix l'hereditaire guerre,
11 Qui a de pere en filz si longuement duré :

Ilz veulent que par vous la belle vierge Astree
En ce Siecle de fer reface encor' entree,
14 Et qu'on revoye encor' le beau Siecle doré.

CLXXI

A LA REYNE

Muse, qui autrefois chantas la verde Olive,
Empenne tes deux flancs d'une plume nouvelle,
Et te guindant au ciel aveques plus haulte aile,
4 Vole ou est d'Apollon la belle plante vive.

Laisse (mon cher souci) la paternelle rive,
Et portant desormais une charge plus belle,
Adore ce hault nom, dont la gloire immortelle
8 De nostre pole arctiq' à l'autre pole arrive.

Loue l'esprit divin, le courage indontable,
La courtoise doulceur, la bonté charitable,
11 Qui soustient la grandeur, et la gloire de France.

Et dy, Ceste Princesse et si grande et si bonne,
Porte dessus son chef de France la couronne :
14 Mais dy cela si hault, qu'on l'entende à Florence.

CLXXII

Digne filz de Henry, nostre Hercule Gaulois,
Nostre second espoir, qui portes sus ta face,
Retraicte au naturel, la maternelle grace,
4 Et gravee en ton cœur la vertu de Vallois :

Cependant que le ciel, qui ja dessous tes loix
Trois peuples a soubmis, armera ton audace
D'une plus grand' vigueur, suy ton pere à la trace,
8 Et apprens à donter l'Espagnol, et l'Anglois.

Voicy de la vertu la penible montee,
Qui par le seul travail veult estre surmontee :
11 Voila de l'autre part le grand chemin battu,

Où au sejour du vice on monte sans eschelle.
Deça (Seigneur) deça, ou la vertu t'appelle,
14 Hercule se feit Dieu par la seule vertu.

CLXXIII

A LA R. DE NAVARRE

La Grecque poësie orgueilleuse se vante
Du loz qu'à son Homere Alexandre donna,
Et les vers que Cesar de Virgile sonna,
4 La Latine aujourdhuy les chante et les rechante.

La Françoise qui n'est tant que ces deux sçavante,
Comme qui son Homere et son Virgile n'a,
Maintient que le Laurier qui François couronna
8 Baste seul pour la rendre à tout jamais vivante.

Mais les vers, qui l'ont mise encor' en plus hault pris,
Sont les vostres (Madame) et ces divins escripts
11 Que mourant nous laissa la Royne vostre mere.

O poësie heureuse, et bien digne des Rois,
De te pouvoir vanter des escripts Navarrois,
14 Qui t'honnorent trop plus qu'un Virgile ou Homere!

CLXXIV

A MADAME SOEUR DU ROY

Dans l'enfer de son corps mon esprit attaché
(Et cet enfer, Madame, a esté mon absence)
Quatre ans et d'avantage a fait la penitence
4 De tous les vieux forfaits dont il fut entaché.

Ores, graces aux Dieux, ore' il est relasché
De ce penible enfer, et par vostre presence
Reduit au premier poinct de sa divine essence,
8 A dechargé son doz du fardeau de peché :

Ores sous la faveur de voz graces prisees,
Il jouït du repos des beaux champs Elysees,
11 Et si n'a volonté d'en sortir jamais hors.

Donques, de l'eau d'oubly ne l'abbreuvez, Madame,
De peur qu'en la beuvant, nouveau desir l'enflamme,
14 De retourner encor dans l'enfer de son corps.

CLXXV

Non pource qu'un grand Roy ait esté vostre pere,
Non pour vostre degré, et royale haulteur,
Chascun de vostre nom veult estre le chanteur,
4 Ny pource qu'un grand Roy soit ores vostre frere.

La nature, qui est de tous commune mere,
Vous fist naistre (Madame) aveques ce grand heur :
Et ce qui accompagne une telle grandeur,
8 Ce sont souvent des dons de fortune prospere.

Ce qui vous fait ainsi admirer d'un chascun,
C'est ce qui est tout vostre, et qu'avec vous commun
11 N'ont tous ceulx-là, qui ont couronnes sur leurs testes :

Ceste grace, et doulceur, et ce je ne sçay quoy,
Que quand vous ne seriez fille, ny sœur de Roy,
14 Si vous jugeroit-on estre ce que vous estes.

CLXXVI

Esprit royal, qui prens de lumiere eternelle
Ta seule nourriture, et ton accroissement,
Et qui de tes beaux raiz en nostre entendement
4 Produis ce hault desir, qui au ciel nous r'appelle,

N'apperçois-tu combien par ta vive estincelle
La vertu luit en moy ? n'as-tu point sentiment
Par l'œil, l'ouïr, l'odeur, le goust, l'attouchement,
8 Que sans toy ne reluit chose aucune mortelle ?

Au seul object divin de ton image pure
Se meut tout mon penser, qui par la souvenance
11 De ta haulte bonté tellement se r'assure,

Que l'ame et le vouloir ont pris mesme assurance
(Chassant tout appetit et toute vile cure)
14 De retourner au lieu de leur premiere essence.

CLXXVII

Si la vertu, qui est de nature immortelle,
Comme immortelles sont les semences des cieulx,
Ainsi qu'à noz esprits, se monstroit à noz yeux,
4 Et noz sens hebetez estoient capables d'elle,

Non ceulx-là seulement qui l'imaginent telle,
Et ceulx ausquelz le vice est un monstre odieux,
Mais on verroit encor les mesmes vicieux
8 Espris de sa beauté, des beautez la plus belle.

Si tant aymable donc seroit ceste vertu
A qui la pourroit voir (Vineus) t'esbahis-tu,
11 Si j'ay de ma Princesse au cœur l'image empreinte ?

Si sa vertu j'adore, et si d'affection
Je parle si souvent de sa perfection,
14 Veu que la vertu mesme en son visage est peinte ?

CLXXVIII

Quand d'une doulce ardeur doulcement agité
J'userois quelquefois en louant ma Princesse,
Des termes d'adorer, de celeste, ou deesse,
4 Et ces tiltres qu'on donne à la Divinité,

Je ne craindrois (Melin) que la posterité
Appellast pour cela ma Muse flateresse :
Mais en louant ainsi sa royale haultesse,
8 Je craindrois d'offenser sa grande humilité.

L'antique vanité aveques telz honneurs
Souloit idolatrer les Princes et Seigneurs :
11 Mais le Chrestien, qui met ces termes en usage,

Il n'est pas pour cela idolatre ou flateur :
Car en donnant de tout la gloire au Createur,
14 Il loue l'ouvrier mesme, en louant son ouvrage.

CLXXIX

Voyant l'ambition, l'envie, et l'avarice,
La rancune, l'orgueil, le desir aveuglé,
Dont cest aage de fer de vices tout rouglé
4 A violé l'honneur de l'antique justice :

Voyant d'une autre part, la fraude, la malice,
Le procez immortel, le droit mal conseillé :
Et voyant au milieu du vice dereiglé
8 Ceste royale fleur, qui ne tient rien du vice

Il me semble (Dorat) voir au ciel revolez
Des antiques vertus les escadrons ailez,
11 N'ayans rien délaissé de leur saison doree,

Pour reduire le monde à son premier printemps,
Fors ceste Marguerite, honneur de nostre temps,
14 Qui comme l'esperance, est seule demeuree.

CLXXX

De quelque autre subject, que j'escrive, Jodelle,
Je sens mon cœur transi d'une morne froideur,
Et ne sens plus en moy ceste divine ardeur,
4 Qui t'enflamme l'esprit de sa vive estincelle.

Seulement quand je veulx toucher le loz de celle
Qui est de nostre siecle et la perle, et la fleur,
Je sens revivre en moy ceste antique chaleur,
8 Et mon esprit lassé prendre force nouvelle.

Bref, je suis tout changé, et si ne sçay comment,
Comme on voit se changer la vierge en un moment,
11 A l'approcher du Dieu qui telle la fait estre.

D'ou vient cela, Jodelle ? il vient, comme je croy,
Du suject, qui produit naïvement en moy
14 Ce que par art contraint les autres y font naistre.

CLXXXI

Ronsard, j'ay veu l'orgueil des Colosses antiques,
Les theatres en rond ouvers de tous costez,
Les columnes, les arcz, les haults temples voultez,
4 Et les sommets pointus des carrez obelisques.

J'ay veu des Empereurs les grands thermes publiques,
J'ay veu leurs monuments que le temps a dontez,
J'ay veu leurs beaux palais que l'herbe a surmontez,
8 Et des vieux murs Romains les poudreuses reliques.

Bref, j'ay veu tout cela que Rome a de nouveau,
De rare, d'excellent, de superbe, et de beau :
11 Mais je n'y ay point veu encores si grand' chose

Que ceste Marguerite, où semble que les cieulx,
Pour effacer l'honneur de tous les siecles vieux,
14 De leurs plus beaux presens ont l'excellence enclose.

CLXXXII

Je ne suis pas de ceulx qui robbent la louange,
Fraudant indignement les hommes de valeur,
Ou qui changeant le noir à la blanche couleur
4 Sçavent, comme lon dit, faire d'un diable un ange.

Je ne fay point valoir, comme un tresor estrange,
Ce que vantent si hault noz marcadants d'honneur,
Et si ne cherche point que quelque grand seigneur
8 Me baille pour des vers des biens en contr'eschange.

Ce que je quiers (Gournay) de ceste sœur de Roy,
Que j'honnore, revere, admire comme toy,
11 C'est que de la louer sa bonté me dispense,

Puis qu'elle est de mes vers le plus louable object :
Car en louant (Gournay) si louable subject,
14 Le loz que je m'acquiers, m'est trop grand'recompense.

CLXXXIII

Morel, quand quelquefois je perds le temps à lire
Ce que font aujourdhuy noz trafiqueurs d'honneurs,
Je ry de voir ainsi deguiser ces Seigneurs,
4 Desquelz (comme lon dit) ilz font comme de cire.

Et qui pourroit, bons dieux, se contenir de rire,
Voyant un corbeau peint de diverses couleurs,
Un pourceau couronné de roses et de fleurs,
8 Ou le protrait d'un asne accordant une lyre ?

La louange, à qui n'a rien de louable en soy,
Ne sert que de le faire à tous monstrer au doy,
11 Mais elle est le loyer de cil qui la merite.

C'est ce qui fait (Morel) que si mal volontiers
Je dy ceulx, dont le nom fait rougir les papiers,
14 Et que j'ay si frequent celuy de Marguerite.

CLXXXIV

Celuy qui de plus pres atteint la Deïté,
Et qui au ciel (Bouju) vole de plus haulte aile,
C'est celuy qui suivant la vertu immortelle,
4 Se sent moins du fardeau de nostre humanité.

Celuy qui n'a des Dieux si grand' felicité,
L'admire toutefois comme une chose belle,
Honnore ceulx qui l'ont, se monstre amoureux d'elle,
8 Il a le second ranc, ce semble, merité.

Comme au premier je tends d'aile trop foible et basse,
Ainsi je pense avoir au second quelque place :
11 Et comment puis-je mieulx le second meriter,

Qu'en louant ceste fleur, dont le vol admirable,
Pour gaigner du premier le lieu plus honnorable,
14 Ne laisse rien icy qui la puisse imiter ?

CLXXXV

Quand ceste belle fleur premierement je vey,
Qui nostre aage de fer de ses vertus redore,
Bien que sa grand' valeur je ne cognusse encore,
4 Si fus-je ne la voyant de merveille ravy.

Depuis ayant le cours de fortune suivy,
Ou le Tybre tortu de jaune se colore,
Et voyant ces grands Dieux, que l'ignorance adore,
8 Ignorans, vicieux, et meschans à l'envy :

Alors (Forget) alors ceste erreur ancienne,
Qui n'avoit bien cogneu ta Princesse et la mienne,
11 La venant à revoir, se dessilla les yeux :

Alors je m'apperceu qu'ignorant son merite
J'avois, sans la cognoistre, admiré Marguerite,
14 Comme, sans les cognoistre, on admire les cieux.

CLXXXVI

La jeunesse (Du-val) jadis me fit escrire
De cest aveugle archer, qui nous aveugle ainsi :
Puis fasché de l'Amour, et de sa mere aussi,
4 Les louanges des Rois j'accorday sur ma lyre.

Ores je ne veulx plus telz argumens eslire,
Ains je veulx, comme toy, poingt d'un plus hault souci,
Chanter de ce grand Roy, dont le grave sourci
8 Fait trembler le celeste et l'infernal empire.

Je veulx chanter de Dieu : mais pour bien le chanter,
Il fault d'un avant-jeu ses louanges tenter,
11 Louant, non la beaulté de ceste masse ronde,

Mais ceste fleur, qui tient encor' un plus beau lieu :
Car comme elle est (Du-val) moins parfaite que Dieu,
14 Aussi l'est elle plus que le reste du monde.

CLXXXVII

Bucanan, qui d'un vers aux plus vieux comparable
Le surnom de Sauvage ostes à l'Escossois,
Si j'avois Apollon facile en mon François,
4 Comme en ton Grec tu l'as, et Latin favorable,

Je ne ferois monter, spectacle miserable,
Dessus un echafault les miseres des Rois :
Mais je rendrois par tout d'une plus doulce voix
8 Le nom de Marguerite aux peuples admirable :

Je dirois ses vertus, et dirois que les cieux,
L'ayant fait naistre icy d'un temps si vicieux
11 Pour estre l'ornement, et la fleur de son aage,

N'ont moins en cest endroit demonstré leur sçavoir,
Leur pouvoir, leur vertu, que les Muses d'avoir
14 Fait naistre un Bucanan de l'Ecosse sauvage.

CLXXXVIII

Paschal, je ne veulx point Jupiter assommer,
N'y, comme fit Vulcan, luy rompre la cervelle,
Pour en tirer dehors une Pallas nouvelle,
4 Puis qu'on veult de ce nom ma Princesse nommer.

D'un effroyable armet je ne la veulx armer,
Ny de ce que du nom d'une chevre on appelle,
Et moins pour avoir veu sa Gorgonne cruelle,
8 Veulx-je en nouveaux cailloux les hommes transformer.

Je ne veulx deguiser ma simple poësie
Sous le masque emprunté d'une fable moisie,
11 Ny souiller un beau nom de monstres tant hideux :

Mais suivant, comme toy, la veritable histoire,
D'un vers non fabuleux je veulx chanter sa gloire
14 A nous, à noz enfans, et ceulx qui naistront d'eulx.

CLXXXIX

Ce-pendant (Pelletier) que dessus ton Euclide
Tu monstres ce qu'en vain ont tant cherché les vieux,
Et qu'en despit du vice, et du siecle envieux,
4 Tu te guindes au ciel comme un second Alcide :

L'amour de la vertu, ma seule et seure guide,
Comme un cygne nouveau, me conduit vers les cieux,
Ou en despit d'envie et du temps vicieux,
8 Je rempliz d'un beau nom ce grand espace vuyde.

Je voulois, comme toy, les vers abandonner,
Pour à plus hault labeur plus sage m'addonner :
11 Mais puis que la vertu à la louer m'appelle,

Je veulx de la vertu les honneurs raconter :
Avecques la vertu je veulx au ciel monter.
14 Pourrois-je au ciel monter aveques plus haulte aile ?

CXC

Dessous ce grand François, dont le bel astre luit
Au plus beau lieu du ciel, la France fut enceincte
Des lettres et des arts, et d'une troppe saincte,
4 Que depuis sous Henry feconde elle a produict :

Mais elle n'eut plus-tost fait monstre d'un tel fruict,
Et plus-tost ce beau part n'eut la lumiere atteincte,
Que je ne sçay comment sa clairté fut esteincte,
8 Et vid en mesme temps et son jour et sa nuict.

Helicon est tary, Parnasse est une plaine,
Les lauriers sont seichez, et France autrefois pleine
11 De l'esprit d'Apollon, ne l'est plus que de Mars.

Phœbus s'en fuit de nous, et l'antique ignorance
Sous la faveur de Mars retourne encore en France,
14 Si Pallas ne defend les lettres et les arts.

CXCI

Sire, celuy qui est, a formé toute essence
De ce qui n'estoit rien. C'est l'œuvre du Seigneur :
Aussi tout honneur doit flechir à son honneur,
4 Et tout autre pouvoir ceder à sa puissance.

On voit beaucoup de Roys, qui sont grands d'apparence :
Mais nul, tant soit il grand, n'aura jamais tant d'heur
De pouvoir à la vostre egaler sa grandeur :
8 Car rien n'est apres Dieu si grand qu'un Roy de France.

Puis donc que Dieu peult tout, et ne se trouve lieu
Lequel ne soit encloz sous le pouvoir de Dieu,
11 Vous, de qui la grandeur de Dieu seul est enclose,

Elargissez encor sur moy vostre pouvoir,
Sur moy, qui ne suis rien : à fin de faire voir,
14 Que de rien un grand Roy peult faire quelque chose.

NOTES

ANTIQUITEZ

Au Roy : Henri II.

II, 1-10. Les sept merveilles du monde : les jardins suspendus de Sémiramis à Babylone, le temple de Diane à Ephèse, la pyramide de Chéops, la statue de Jupiter Olympien, le tombeau de Mausole à Halicarnasse, le colosse de Rhodes. Du Bellay a remplacé le phare d'Alexandrie par le labyrinthe que Dédale construisit en Crète.

IV, 9. *La croppe Saturnale :* le Capitole, appelé primitivement le Mont de Saturne.

VI, 1. Cybèle, mère des Dieux. Le Bérécynte est un mont de Phrygie consacré à Cybèle.

VIII, 13. Tarquin l'Ancien avait fait construire un temple de Jupiter, et les ouvriers qui travaillaient aux fondations avaient trouvé une tête d'homme, en signe que Rome serait le chef de l'univers. La Colline fut appelée Capitole.

IX, 10-11. Selon Aristote, le monde sublunaire est caractérisé par de perpétuelles mutations.

X, 1. Le royaume d'Aétès, où Jason, fils d'Aeson, conquit la toison. Il sema les dents du dragon de Mars dans un champ, et il en naquit une génération de guerriers qui s'entre-tuèrent.

8. L'Orient et l'Occident.

XI, 1-2. Mars était le père de Romulus et de Rémus.

XII, 1. Les Géants.

XVII, 1. L'aigle romaine.

7-11. La terre laissa jaillir la race horrible des Géants, ses fils, qui représentent ici les Germains. Alors le Saint Empire romain germanique, inférieur à Rome comme la corneille l'est à l'aigle, prétendit à l'héritage impérial (interprétation proposée par V. L. Saulnier).

XVIII, 7. *L'annuel pouvoir :* le consulat.

XIX, 8. Pandore : la première femme, qui ne sut pas garder fermée la boîte contenant tous les maux.

XXI, 1. Deux grands ennemis de Rome, Pyrrhus, le vainqueur d'Asculum (279), et Hannibal, le général carthaginois.

XXII, 9. Quand dans leurs révolutions *(fuite)* les sphères célestes retourneront au point initial. Mythe antique de la grande année.

XXIII, 1. Scipion Nasica.

    14. César et Pompée (comme l'explique F. M. Chambers dans son article sur Lucain).

XXIV, 5. *Erinnys* : une des furies, qui incarne la fureur des guerres civiles.

XXV, 1. La harpe d'Orphée, originaire de Thrace.

    5. Amphion avait construit Thèbes en animant les pierres au son de sa harpe.

XXIX, 2-3. Allusion aux différents ordres de l'architecture antique.

    5-6. Lysippe, sculpteur grec (IVe s. avant J.-C.); Apelle, peintre grec du IVe s. avant J.-C.; Phidias, architecte grec du Ve s. avant J.-C.

XXXI, 10-11. La bataille de Pharsale, en Emathie, province de Macédoine, où Pompée fut vaincu par César (48 avant J.-C.).

XXXII, 14. *Longue robbe :* la toge, comme l'indique H. Chamard.

SONGE

II, 2. La brasse mesure environ 1, 62 m.

III, 1-2. Une pyramide, forme de l'architecture antique à laquelle les artistes du XVIe siècle se sont souvent intéressés.

V, 1. Le chêne, arbre de la forêt de Dodone, consacrée à Zeus.

    7-8. Les Romains descendaient des Troyens, puisqu'Enée, prince troyen, aurait abordé dans le Latium après la prise de Troie (Dardanus est le fondateur de Troie).

    14. Selon V. L. Saulnier, symbole du partage de l'Empire romain à la mort de Théodose (395).

VII, 1. L'aigle, symbole de Rome.

    13-14. Selon V. L. Saulnier, cet oiseau est le hibou, qui renaît de la cendre de l'aigle, comme dans la légende du phénix; un ver renaît de ses cendres, et devient un nouveau phénix. Le hibou est le Saint Empire germanique.

IX, 4. Saturne ou Chronos, dieu du Temps.

    8. Le Tibre, sur le bord duquel Enée combattit Turnus, chef des Rutules.

X, 11. Hercule fut vainqueur de l'hydre de Lerne.

XI, 5. Selon les commentateurs, soit un cygne, soit une alouette, soit une colombe.

XII, 4. Pactole : ce fleuve de Lydie passait pour rouler des paillettes d'or depuis que le roi Midas (dont le contact transformait tout en or) s'y était baigné.

XIII, 2. Pétrarque, qui décrit cette apparition dans la Chanson « Standomi un giorno » (v. 13 ss.), une des sources du *Songe.*

XIV, 3. Saint Jean, dans l'*Apocalypse.*

XV, 4. C'est-à-dire, selon V. L. Saulnier, une guerrière aussi brave que Typhée (un des géants, enseveli sous l'Etna). Elle incarne Rome.

REGRETS

A Monsieur d'Avanson. Jean d'Avanson, ambassadeur du roi auprès du Saint-Siège. Comme la plupart de celles qui suivent, cette dédicace a été élucidée par H. Chamard, et nous lui empruntons les détails relatifs aux amis du poète.

23-24. Orphée, poète thrace, qui reperdit Eurydice après l'avoir une première fois sauvée des Enfers.

43-44. Ne pas avoir suivi les Muses sur le mont Hélicon jusqu'à la source Hippocrène, que Pégase, cheval ailé né du sang de Méduse, fit jaillir en frappant la terre, et où les poètes venaient puiser l'inspiration.

49-50. Allusion au séjour d'Ulysse et de ses compagnons à l'île des Lotophages. Leur nourriture, des fruits, ôtait la mémoire et le désir de revenir au pays natal.

69-71. Les Bacchantes, qui portent le thyrse, bâton entouré de lierre et de vigne, et dont les danses tumultueuses se déroulent sur le mont Ida, en Asie Mineure.

94. Selon H. Chamard, la robe longue, parfois dédaignée parce qu'elle était le costume des gens de justice, constituait cependant l'habit de cérémonie des grands personnages admis au conseil privé du roi.

II, 1. Pierre de Paschal, dont les poètes de la Pléiade attendaient la gloire grâce à son projet d'*Eloges* latins.

2. Hésiode, né à Ascra en Béotie, près de l'Hélicon, avait reçu des Muses l'initiation poétique. La montagne à double cime est le Parnasse.

4. La source Hippocrène (v. *supra*, *A Monsieur d'Avanson*, note du v. 43).

III, 9. Selon H. Chamard, Charles de Guise, cardinal de Lorraine.

10. Cette expression empruntée à Pindare désigne le domaine de la poésie, car les Grâces apparaissent souvent dans la littérature antique comme les compagnes des Muses.

IV, 7. *Fureur* : fureur poétique, selon la théorie platonicienne de l'inspiration.

VII, 2. Marguerite de France, sœur du roi Henri II, et protectrice des poètes.

9. La Pythie, prêtresse de l'oracle d'Apollon à Delphes.

X, 1. Comme le signale H. Chamard, le Tibre est appelé « Tuscus amnis » par Horace.

3. Du Bellay compose à Rome des *Poemata*.

10-11. Ovide fut exilé à Tomes, sur la mer Noire, sous prétexte de l'immoralité de l'*Art d'aimer*. Il apprit la langue des Gètes, dans laquelle il écrivit un panégyrique de l'empereur.

XIII, 12. Comme l'indique H. Chamard, allusion à la légende de Télèphe, qui fut blessé par la lance d'Achille, mais guéri par la rouille de cette arme.

13. H. Chamard rapproche ce vers d'un texte de Pline l'Ancien, selon lequel le scorpion posé sur la plaie guérissait les piqûres qu'il avait faites.

XIV, 4. Etienne Boucher, secrétaire de l'ambassade de France à Rome, et qui deviendra évêque de Quimper.

XV, 1. Jean de Pardeillan, protonotaire.

XVI, 1. Le poète Olivier de Magny, auteur des *Souspirs*, avait suivi à Rome l'ambassadeur Jean de Saint-Marcel, seigneur d'Avanson.
2. Le cardinal Georges d'Armagnac, dont Panjas était secrétaire.
5. *Tu* : Ronsard.

XVII, 6. Charon, le passeur des Enfers, que Virgile appelle le triste nocher.
11. Dans le bois des myrtes, que Virgile a décrit dans le sixième livre de l'*Enéide*, et où se retrouvent les amants défunts.
12. Allusion à l'eau du Léthé, où les âmes vont boire l'oubli avant de se réincarner. Dans ce sonnet, que certains croient adressé à Ronsard, Du Bellay semble plutôt songer à un poète mort, qui connaît enfin la paix.

XVIII, 1. Jean de Morel, seigneur de Grigny, qui fut maître d'hôtel du Roi, et qui accueillit dans sa demeure parisienne un grand nombre d'écrivains français et étrangers.

XIX, 1. Du Bellay s'adresse à Ronsard, qui avait célébré Cassandre dans un recueil d'*Amours* (1552).
2. L'héritier d'Hector : Francus, fils d'Hector, et ancêtre mythique des Français, dont Ronsard projetait de raconter les aventures dans la *Franciade*.
3. Le connétable Anne de Montmorency.

XX, 14. Orphée.

XXI, 1. Le peintre et poète Nicolas Denisot, dont l'anagramme était *Conte d'Alsinois*.
14. Janet : le portraitiste François Clouet.

XXII, 8. La *Franciade*, commencée dès 1550.
14. Allusion aux bénéfices ecclésiastiques obtenus par Ronsard dès 1552 (cure de Marolles-en-Brie, puis de Challes-au-Maine, puis d'Evaillé-au-Maine). Toutefois l'expression *lyre crossée* se rapporte plutôt aux ambitions de Ronsard, qui voulait une abbaye.

XXIII, 2. Vénus, car l'Idalie est une ville de l'île de Chypre célèbre par le culte de cette déesse.
3. Allusion aux amours de Mars et de Vénus.
7. La folie d'Oreste est en effet la conséquence d'amours fatales, celles de Clytemnestre et d'Egisthe, qui conduisirent les amants au meurtre d'Agamemnon, époux de Clytemnestre et père d'Oreste : pour venger Agamemnon, Oreste tua sa mère Clytemnestre, et fut poursuivi par les Erinnyes.
8. Allusion au *Roland furieux*, poème héroïque de l'Arioste (1516).
9. Sur Francus, v. *supra*, *Regrets*, XIX, note du v. 2.

XXIV, 2-3. La Fortune et sa roue symbolique.

XXVI, 12. Les Sirènes.

XXVIII, 2. Robert de La Haye, conseiller au Parlement de Paris, et poète néo-latin.

XXXI, 2. Jason.

13. *Lyré* : village natal de Du Bellay.

XXXIII, 14. Formule proverbiale, pour exprimer l'incertitude et l'hésitation.

XXXVI, 10-11. Le Capricorne est le signe qui correspond au mois de décembre; le Cancer, au mois de juin.

XL, 1. Ulysse, seigneur de Dulichium, île de la mer Ionienne, qui faisait partie de ses Etats. Ithaque est sa patrie.

9. Ulysse était le protégé de Minerve.

XLI, 3. Selon les interprètes, il s'agit de l'écrivain Jacques Tahureau († 1555) ou de François Du Bellay († 1553).

XLII, 1. Il s'agit de Jérôme della Rovere, sieur de Vineus, envoyé à Rome par Henri II en 1556 et 1557 (identifié par E. Droz).

8. Ces statues antiques servaient d'affichage pour les pamphlets.

XLIX, 1 ss. H. Chamard a montré que le poète fait allusion à la disgrâce du cardinal Jean Du Bellay, en 1555. Le *haineux estranger* est l'auteur de ces intrigues, le cardinal Caraffa, neveu de Paul IV.

L, 12. Scipion l'Africain, contraint de se retirer dans sa villa de Literne alors qu'il avait sauvé Rome du péril carthaginois. Des corsaires renoncèrent à attaquer sa villa lorsqu'ils surent à qui elle appartenait.

LIII, 1. Jean-Antoine de Simiane, seigneur de Gordes, protonotaire apostolique.

LIV, 1. Le valet de chambre du cardinal, Charles Marault.

LVI, 1. Jean-Antoine de Baïf, son ancien condisciple à Coqueret.

LVII, 14. Secrétaire du cardinal Du Bellay.

LIX, 1. Pierre : un barbier.

LX, 2 ss. Du Bellay passe en revue les sujets des *Hymnes*, publiés par Ronsard en 1555.

10. Les *Jeux rustiques* contiennent l'*Epitaphe d'un chat*.

LXII, 1. Horace, né à Venouse en Apulie.

LXIII, 7. Charles de Lestrange, protonotaire du cardinal de Guise, et poète.

LXIV, 5. Persée, fils de Danaé et de Jupiter; Hercule, fils d'Alcmène et de Jupiter.

6. Bacchus, fils de Séléné et de Jupiter, et qui a conquis les Indes; Castor et Pollux, nés de Léda et de Jupiter.

13. Il est vraisemblable, comme le pense H. Weber, que Du Bellay s'adresse à son ami Claude de Bizet.

LXV, 12. La pédérastie.

LXVI, 4. Grammairien grec (IIe s. avant J.-C.), type du critique sévère.

14. Denys, tyran de Syracuse, devint maître d'école à Corinthe, après avoir été chassé de son pays.

LXX, 1. Pirithous, héros thessalien, qui accompagna Thésée dans son expédition aux Enfers pour enlever Proserpine.

3. Nisus et Euryale : couple d'amis tués dans une mission dange-

reuse pendant les guerres d'Enée contre les Rutules. Nisus était
parvenu à s'échapper, mais voyant Euryale aux prises avec les
Rutules, il revint les attaquer, et expira sur le cadavre de son ami.

5. Pylade n'abandonna pas Oreste poursuivi par les Erinnyes et
pris de folie après avoir tué sa mère Clytemnestre.

6. Damon avait accepté de servir d'otage pendant le délai que son
ami Pythias, condamné à mort, demandait pour régler ses affaires.

LXXII, 3. Jacques Gohory, philosophe et savant.

LXXVI, 7. H. Chamard pense que Marc Antoine était sans doute un
nom d'acteur de comédie.

LXXVIII, 13. Le poète Jacques Peletier du Mans.

LXXX, 7-8. Comme l'a montré H. Chamard, ce sont d'une part les
partisans de Pietro Sozzi contre le duc Cosme de Médicis, banni
de Florence, d'autre part les Siennois réfugiés à Rome après la prise
de Sienne par les Impériaux (1555).

LXXXII, 1. Jean du Thier, Secrétaire d'Etat.

LXXXIII, 1. Florimond Robertet, baron d'Alluye, d'une famille
illustre aux XVe et XVIe siècles.

LXXXIV, 1. Les Muses.

   13. Courtisanes.

LXXXVI, 4. Non, Messire, oui, Messire.

   5. Et ainsi ?

   6. Je suis votre serviteur.

   14. Il a contracté la pelade.

LXXXVII, 10-11. Comme Astolphe changé en myrte par Alcine,
dans le *Roland furieux* de l'Arioste.

LXXXVIII, 1. Le moly que Mercure a donné à Ulysse pour qu'il
échappe aux charmes de Circé (v. *supra, A Monsieur d'Avanson,*
note du v. 49).

   3. La magicienne Circé fit boire aux compagnons d'Ulysse une
liqueur qui les transforma en pourceaux.

   5-6. Dans le *Roland furieux,* Roger est délivré du charme d'Alcine
à l'aide d'un anneau.

   7-8. Ainsi les dieux rappelèrent à l'ordre Enée, que l'amour de
Didon retenait à Carthage.

   10. Les Sirènes, filles d'Acheloüs, fleuve grec.

   11. Monstres voraces, ailés, avec un corps de vautour et un visage
de femme. Elles dérobaient sa nourriture au prophète aveugle
Phinée, qui fut délivré par les héros Calaïs et Zéthès (cf. v. 14).

LXXXIX, 7-8. Roger fut détrompé quand il découvrit la laideur
d'Alcine, grâce à l'anneau de Mélisse.

   10. Logistile est l'amour élevé.

XCII, 14. Selon les interprètes, soit nom de courtisane, soit La Cas-
saigne, personnage fort averti de la question.

XCIII, 3-4. Enée, fils de Vénus, vint de Troie (le Xanthe est la rivière
de Troie, et Dardanus le fondateur de Troie) dans le Latium.

   5. *Idalienne :* cf. *supra, Regrets,* XXIII, note du v. 2.

   8 ss. Cf. *supra, Regrets,* LXXXVI, note du v. 14.

   11. La rose.

XCV, 1. Hannibal.

9 ss. Allusion aux modes italiennes qui sévissent dans tous les domaines.

13. La syphilis était appelée le « mal français ».

14. Punition qui semble avoir été réservée aux mauvais payeurs.

XCVI, 1. Fortune.

3-4. Cf. *supra*, LXVI, note du v. 14.

XCVII, 1. Rémy Doulcin, prêtre et médecin.

4. *Sibylles* : synonyme de prophétesses.

XCVIII, 12 ss. Ronsard avait écrit en 1555 un poème sur les démons.

XCIX, 5. Pyrrha, femme de Deucalion, repeupla le monde après le déluge en semant des pierres.

12. Les courtisanes.

C, 1. Selon les interprètes, l'humaniste Fulvio Orsini, ou un capitaine Orsini, qui servait la France, ou d'autres personnages encore.

CIII, 14. Ganymède, échanson des dieux, enlevé par Jupiter et auquel Du Bellay compare un mignon du cardinal Caraffa. Le fils d'Enée s'appelait Ascagne.

CIV, 7. Le pape Jules III, mort en 1555, aimait beaucoup les légumes.

CV, 2. L'ordre de Saint-Michel, que le roi attribuait trop généreusement.

6-7. Innocent del Monte, à qui Jules III avait confié un singe, et qu'il fit cardinal.

8. Sur Ganymède, v. *supra*, CIII, note du v. 14.

9-11. Comme l'a montré H. Chamard, il s'agit du futur Jules III, qui lors du sac de 1527 s'était livré comme otage à la place de Clément VII.

CVI, 1. Pierre Gilbert, conseiller au Parlement de Grenoble. Du Bellay a traduit deux de ses poèmes latins.

7-8. L'excommunication.

13. *Les tyrans* : les Impériaux.

CVII, 5. Le Temps.

12. S'il n'y aura pas une Renaissance, les sphères célestes reprenant leurs révolutions au point initial.

14. *La Rotonde* : le Panthéon, dont la forme circulaire a beaucoup intéressé les artistes et les théoriciens de la Renaissance.

CVIII, 1. Cf. *supra*, *Regrets*, XLII, note du v. 8.

CIX, 5. Marcel II, de mœurs très honnêtes, mais qui ne fut pape que trois semaines († 1555).

7. *Son prédécesseur* : Jules III.

14. Les écuries d'Augias, nettoyées par Hercule.

CX, 1. Antoine Caracciol, évêque de Troyes et poète.

CXI, 5 ss. Allusion à l'abdication de Charles Quint, qui se retira dans un cloître.

9-11. Paul IV, qui avait 79 ans quand il devint pape en 1555, préparait la guerre contre l'Espagne.

CXII, 10. *Amadis de Gaule* et *Palmerin d'Angleterre*, romans espagnols, qui connurent, surtout le premier, un grand succès en France.

CXIII, 1. Jules III (Del Monte).

2. Marcel II (Cervini).

3. Le château Saint-Ange (qui était le mausolée d'Adrien).

4. Sur Caraffa, v. *supra*, *Regrets*, CIII, note du v. 14.

CXIV, 14. Néron, pendant l'incendie de Rome.

CXVI, 8. Comme l'indique M. A. Screech, ce terme de *Marran* doit
être rapproché de *Marani* (juifs), dont Paul IV qualifiait les Espagnols.

CXVII, 4. Allusion à la théorie d'Héraclite, connue par les *Vies des
Philosophes* de Diogène Laërce.

CXIX, 1. Brusquet : Bouffon d'Henri II.

CXX, 3-4. Personnages de la comédie italienne.

5. Course où le vainqueur recevait le *palio*, morceau d'étoffe.

CXXII, 13-14. *Motu-proprio* : arrêté pontifical. *Brief* : bref, lettre
pastorale du pape, ayant un caractère privé. *Bulle* : décret officiel
du pape, scellé de plomb.

CXXIII, 1. La trêve de Vaucelles, entre la France et les Impériaux
(1556).

CXXVIII, 1. Le prélat et humaniste Lancelot de Carle.

2. Du Bellay quitta donc Rome par voie de mer.

14. Glauque : pêcheur de Béotie, changé en divinité de la mer.
Mélicerte : dieu marin.

CXXIX, 2. Protée : gardien des troupeaux sous-marins, dieu de
l'Océan capable de revêtir des formes diverses.

4. Castor et Pollux.

11. Sur Robert de La Haye, v. *supra*, *Regrets*, XXVIII, note du
v. 2.

13. Michel-Pierre de Mauléon, conseiller au Parlement de Paris.

CXXXI, 2. François de Guise, chargé d'une expédition en Italie.

CXXXII, 3. Urbin appartenait aux Della Rovere, famille de Vineus.

CXXXIII, 3. *Realte* : pont du Rialto.

14. On célébrait tous les ans les noces du Doge et de la mer.

CXXXIV, 9. Secrétaire d'un ambassadeur de France à Rome (identifié par E. Droz).

CXXXV, 13. Belleau : poète de la Pléiade.

CXXXVII, 1. Scève : poète lyonnais, auteur de la *Délie*. Le fils d'Anchise est Enée, dont Virgile raconte dans l'*Enéide* la descente aux
Enfers.

CXLVII, 14. Le puant Mévius, invectivé par Horace dans l'épode X.

CXLVIII, 8. Virgile, auteur de l'*Enéide*.

13. Le poète et traducteur Louis Des Masures.

CLIV, 1-2. Sur ces montagnes, v. *supra*, *Regrets*, II, 1, note du v. 2.

CLV, 1. Le poète et philosophe Pontus de Tyard.

CLVI, 1. Anacréon, traduit par Belleau, était né à Téos en Lydie.

5-6. Peletier du Mans est un des initiateurs de la poésie scientifique
en France, dans un recueil de 1555. Uranie est la Muse des sphères
et des sciences célestes.

9. Le poète Etienne Jodelle, comparé ici à la Pythie.

CLVII, 1. L'architecte Pierre Lescot, seigneur de Clagny.

CLVIII, 7. Diane, souvent représentée par les artistes de la Renaissance.

CLIX, 1-2. Anet, château de Diane de Poitiers, la favorite du roi Henri II.

CLX, 2. Jean Bertrand, nommé garde des sceaux en 1551, archevêque de Sens en 1555, et protecteur du poète Hugues Salel (Salel, natif du Quercy, est un des prédécesseurs de la Pléiade).

CLXI, 1. Encore Jean Bertrand.

CLXII. Cf. *supra*, *Regrets*, L, note du v. 12.

5. Le chancelier François Olivier, disgracié en 1551.

11. Literne, port de Campanie.

CLXIII, 1. Sur Du Thier, v. *supra*, *Regrets*, LXXXII, note du v. 1.

CLXIV, 1. Sonnet adressé à d'Avanson, dont Magny est secrétaire (cf. *supra*, *Regrets*, XVI).

CLXVI, 1. Le capitaine Poulin, général des galères.

2. *Tiphys* : pilote des Argonautes, partis pour conquérir la Toison d'or.

CLXVII, 1. Michel de L'Hospital, qui deviendra Chancelier de France, et qui protège les poètes.

11. Madame Marguerite, sœur du roi, et souvent comparée à Minerve.

14. Socrate fut désigné par l'oracle de Delphes comme le plus sage des humains.

CLXIX, 1. Le cardinal de Châtillon, Odet de Châtillon, neveu du connétable Anne de Montmorency, et frère de l'amiral Gaspard de Coligny (tous deux faits prisonniers en 1557). Ronsard, lui aussi, a célébré toute la famille.

CLXX, 12. Astrée : déesse de la Justice, qui s'envola de la terre à la fin de l'âge d'or.

CLXXI, 1. Sa propre Muse, qui lui a inspiré l'*Olive* (1549).

4. L'Italie, terre du laurier.

14. Ville natale de Catherine de Médicis.

CLXXII, 1. Le dauphin François.

CLXXIII, 10-11. Il s'adresse à Jeanne d'Albret, fille de la poétesse Marguerite de Navarre.

CLXXIV, 12-14. Sur l'eau du Léthé, v. *supra*, *Regrets*, XVII, note du v. 12.

CLXXIV, et ss. Ces sonnets sont adressés à Madame Marguerite.

CLXXVIII, 5. Le poète Mellin de Saint-Gelays, avec lequel Ronsard s'était réconcilié.

CLXXX, 10-11. La Pythie.

CLXXXVI, Pierre Du Val, ancien précepteur d'Henri II.

CLXXXVII, 1. L'Ecossais Georges Buchanan, poète néo-latin.

CLXXXVIII, 6-7. L'égide de Pallas, bouclier tendu de la peau de la chèvre Amalthée. Ce bouclier était décoré de la tête de la gorgone Méduse, qui pétrifiait ceux qui la regardaient.

CLXXXIX, 1. Esprit universel, le poète Peletier du Mans était aussi un mathématicien.

4. Alcide : Hercule.

CXC, 1. François Ier.

9. Sur la source d'Hélicon, v. *supra*, *A Monsieur d'Avanson*, note du v. 43.

GLOSSAIRE

Aage : âge ; durée de l'existence.
Abortif : avorté.
Abysmer : sombrer.
Acquerre : acquérir.
Adextre : adroit.
Ains : mais.
Alambiquer : distiller.
Ard : 3ᵉ pers. indic. du verbe *ardre*, brûler.
Argument : sujet.
Armet : morceau de l'armure qui protège la tête.
Assaisonner : faire mûrir.
Atterrer : abattre.
Ausonien : italien.
Baller : danser.
Balloter : voter.
Bastant : suffisant.
Belistre : homme sans valeur.
Bonde : pièce de bois qui retient un liquide dans un réservoir.
Branle : variété de danse.
Bureau : travail administratif.
Caler : baisser (la voile).
Camerier : officier de la chambre du Pape.
Cassine : petite maison, chaumière.
Caut : avisé.
Cautement : de manière avisée ou rusée.
Challemie : chalumeau, flûte rustique.
Chappe : grand manteau d'église.
Charnure : chair.

Confort : réconfort.
Couppier : échanson.
Crespe : frisé.
Crespillon : bouclette.
Cure : souci, préoccupation.
Damasquin : travaillé à la manière de Damas, *d'où* d'une facture précieuse.
Darder : brandir.
Débord : débordement.
Default : 3ᵉ pers. indic. du verbe *défailloir*, manquer.
Defrauder : priver par fraude.
Degrez : grades universitaires.
Demeurance : séjour.
Desseigner : représenter, décrire.
Deult : 3ᵉ pers. indic. du verbe *douloir*, se plaindre.
Discord : discorde.
Embler : enlever.
Empenner : emplumer.
Envieux : envieux ; odieux.
Es : dans les.
Esbanoyer (s') : se divertir, s'ébattre.
Esbattre : divertir.
Eschafault : estrade, scène.
Esmoudre : aiguiser.
Estaffier : valet armé.
Exercité : exercé.
Fabrique : édifice.
Fantaisie : imagination.
Fatal : voulu par le destin.
Fier : fier ; sauvage, cruel.
Finablement : finalement.

Finesse : ruse.
Forcener : être fou furieux.
Forfant : coquin.
Forussiz : exilés.
Franchise : liberté.
Frize : partie de l'entablement entre l'architrave et la corniche.
Geine : torture.
Gomphanon : bannière de guerre.
Gref : pénible.
Guinder : élever.
Haineux : adversaire.
Heur : bonheur.
Housse : couverture de la selle. *En housse* : à cheval, ou sur une mule.
Hurt : heurt.
Hyperborez : peuples du grand Nord.
Idole : image, fantôme.
Ire : colère.
Ja : déjà.
Jacque de maille : cotte de maille.
Javelle : poignée de blé couchée sur le sillon, et qui sera liée en gerbe.
Loz : louange, gloire.
Marcadant : marchand.
Martel : tourment.
Masse : bâton d'or ou d'argent, à tête sculptée, porté dans les cérémonies.
Mesnage : gouvernement de la maison.
Mesnager : relatif au gouvernement de la maison ; chargé de ce travail domestique.
Morrion : casque à bords relevés.
Muet : muet.
Naquet : homme sans valeur.
Naulage : prix du passage.
Nepveux : descendants.
Nerveux : aux nerfs apparents.
Noüailleux : noueux.
Ocieux : oisif.
Ores : maintenant — *Ores*, *ores* : tantôt, tantôt.

Passepied : danse.
Pardonnance : pardon.
Part : fruit de l'enfantement.
Pelerin : voyageur.
Pendant : cependant.
Petit (un) : un peu.
Pigner : peigner.
Poinct : instant.
Poltron : paresseux.
Porreaux : poireaux.
Premiere : prime, sorte de jeu de cartes.
Protraiture : portrait.
Prouver : éprouver.
Quatrin : petite monnaie.
Querelle : plainte.
Querre : chercher.
Rai : rayon.
Recreu : fatigué.
Relais : siège.
Repeter : réclamer.
Ressourdre (se) : remonter.
Retistre : retisser, rebroder.
Robber : voler.
Rochet : surplis porté par certains dignitaires ecclésiastiques.
Rustique : paysan.
Sacre : oiseau de proie.
Sagetter : blesser à coup de flèches.
Seigneuriser : traiter comme un seigneur.
Serener : apaiser.
Si : pourtant.
Soing : souci.
Soleillé : ensoleillé.
Sonner : jouer (terme de musique).
Sonneur : musicien, poète lyrique.
Soubriz : sourire.
Souloir : avoir l'habitude de.
Souvenance : souvenir.
Squadron : escadron.
Tabourin : tambourin.
Temples : tempes.
Tortu : sinueux.
Tourbe : foule.
Trac : chemin.
Tudesque : germain.

Turquois : turc.

Tuscan : toscan.

Valise : ici, coffre contenant les vêtements des hauts dignitaires de l'Eglise.

Vergogne : honte.

Vergongneux : honteux.

Vermet : ver.

Vineux : enivré.

Vitupère : blâme, déshonneur.

Voise : 3e pers. subj. présent du verbe *aller*.

Vuyde : vide.

BIBLIOGRAPHIE

EDITIONS DES ŒUVRES DE DU BELLAY

– *Œuvres*, éd. H. Chamard, Paris, 1908-1931 (6 tomes, avec un classement par genres ; texte original accompagné des variantes). La quatrième édition du tome II, qui contient *Antiquitez, Songe* et *Regrets*, est complétée par un commentaire d'H. Weber (1961).
La réédition de cette série (1982-1983) est suivie de deux volumes consacrés aux *Œuvres latines* (t. VII et VIII, éd. Geneviève Demerson, 1984-1985).

– *Les Antiquités et les Regrets*, éd. E. Droz, Genève, 1945.
– *Les Regrets suivis des Antiquités de Rome*, éd. P. Grimal, Paris, 1958.
– *Les Regrets et autres œuvres poétiques suivis des Antiquitez de Rome*, éd. J. Jolliffe et M. Screech, Genève, 1966.

ETUDES SUR L'ENSEMBLE DE L'ŒUVRE

1. *Pour une première approche :*

– H. Chamard, *Joachim du Bellay*, Lille, 1900 (reprint, Genève, 1978).
– H. Chamard, *Histoire de la Pléiade*, Paris, 1939-1940 (réimpr. Paris, 1961).
– V.-L. Saulnier, *Du Bellay, l'homme et l'œuvre*, Paris, 1951.
– H. Weber, *La Création poétique au XVIe siècle en France*, Paris, 1956.

L'ouvrage de V.-L. Saulnier, notamment, offre une synthèse qui permet d'aborder l'œuvre à la fois dans son évolution chronologique et dans sa cohérence thématique.

2. *Sur les grands thèmes de l'œuvre :*

– N. Addamiano, *Delle opere poetiche francesci di J. du Bellay e delle sue imitazioni italiane*, Rome, 1920.
– G. Gadoffre, *Du Bellay et le sacré*, Paris, 1978.
– R. Griffin, *Coronation of the poet*, Berkeley, 1969.
– G. Saba, *La poesia di J. du Bellay*, Florence, 1962.

Consulter particulièrement le livre de R. Griffin pour une étude minutieuse et approfondie des textes, et l'ouvrage de G. Gadoffre pour l'inspiration religieuse et ses rapports avec la sensibilité poétique.

3. *La poétique de Du Bellay :*

– D. Coleman, *The chaste Muse. A study of Du Bellay's Poetry*, Leiden, 1980.
– Fl. Gray, *La Poétique de Du Bellay*, Paris, 1988.
– Fl. Gray, *La Poétique de l'anonymat chez Du Bellay*, French Forum, 1976, p. 14 ss.
– Fr. Rigolot, *Du Bellay et la poésie du refus*, Bibl. Hum. et Ren., 1974, p. 489 ss.

La critique actuelle met volontiers en lumière l'aspect mallarméen de cette poésie, l'auteur suggérant l'absence et se dérobant de diverses manières. Mais elle étudie également le pouvoir de la parole poétique, susceptible de remédier dans une certaine mesure à cette absence du monde.

4. *Style et langue :*

– K. Cameron, *Concordance des Œuvres poétiques de J. du Bellay*, Genève, 1988.
– G. Gadoffre, *Structure des mythes de Du Bellay*, Bibl. Hum. et Ren., 1974, p. 273 ss.
– J. C. Lapp, *Mythological Imagery in Du Bellay*, Studies in Philology, 1964, p. 127 ss.
– I.D. McFarlane, *Les réseaux d'images dans l'œuvre de J. du Bellay*, in *Mélanges A. Glauser*, Paris, 1979, p. 123 ss.
– C. Winn, *Dire de ne plus dire / Dire de ne pas encore dire : écriture et négation dans les Regrets de J. du Bellay*, Actes du Colloque international d'Angers (1989), Angers, 1990, p. 213 ss.

La concordance établie par K. Cameron constitue un précieux instrument de travail. Pour l'analyse de l'écriture, les études portent le plus souvent sur les procédés qui révèlent le travail de l'imagination, tels que l'image ou la périphrase mythologique.

ANTIQUITEZ, SONGE, REGRETS

1. *Le séjour à Rome et le contexte historique :*

– R. Cooper, *Documents sur le séjour italien de Du Bellay,*
Actes du Colloque international d'Angers, op. cit., p. 399 ss.
 – Gl. Dickinson, *Du Bellay in Rome,* Leiden, 1960.
 – A. Leroy, *Une amitié littéraire, Ronsard et Du Bellay,* in
Mélanges Laumonier, reprint, Genève, 1972, p. 219 ss.
 – L. Romier, *Les Origines politiques des guerres de religion,*
Paris, 1913.
 – M. Smith, *Joachim du Bellay's veiled victim,* Genève,
1974.
 – A. Viatte, *Du Bellay et les démoniaques,* Rev. Hist. Litt.
Fr., 1951, p. 456 ss.

L'ouvrage de base pour la situation en Italie pendant le
séjour de Du Bellay à Rome est le livre de L. Romier, qui
permet de mieux comprendre les relations entre la papauté
et la monarchie française. Le décor romain et la vie quotidienne dans la cité pontificale sont décrits avec précision par
Gl. Dickinson.

2. *Les Antiquitez :*

– F. Chambers, *Lucan and the Antiquitez de Rome,*
P.M.L.A., 1945, p. 937 ss.
 – M.-M. Fontaine, *Le système des Antiquités de Du Bellay :*
l'alternance entre décasyllabes et alexandrins dans un recueil de
sonnets, in *Le Sonnet à la Renaissance,* Paris, 1988, p. 67 ss.
 – E. Mac Phail, *The roman tomb or the image of the tomb in*
Du Bellay's Antiquitez, B.H.R., 1986, p. 359 ss.
 – D. Russell, *Du Bellay's Emblematic vision of Rome,* Yale
French Studies, 1972, p. 100 ss.
 – V.-L. Saulnier, *Commentaires sur les Antiquités de Rome,*
B.H.R., 1950, p. 114 ss.
 – V.-L. Saulnier, *Les Antiquités de Rome de J. du Bellay,*
Paris, 1961.

Les commentaires les plus utiles sont ceux de V.-L. Saulnier, qui a élucidé des sonnets difficiles. Les articles de
M.-M. Fontaine et de D. Russell éclairent la structure du
recueil.

3. *Le Songe :*

– Ch. Bené, *J. du Bellay devant le destin de la Rome*
antique, Actes du IXᵉ Congrès Budé, Paris, 1973, p. 546 ss.
 – E. Benson, *Du Bellay et la perception onirique de l'his-*
toire : pour une lecture interprétative du Songe, Nouv. Rev. du
XVIᵉ siècle, 1982, p. 51 ss.

– M. Dassonville, *Note sur le Songe de Du Bellay,* in *Renaissance Studies in honor of I. Silver,* 1974, p. 137 ss.

– G. Demerson, *Le Songe de Du Bellay et le sens des recueils romains,* in *Le Songe à la Renaissance,* Colloque de Réf., Hum., Ren., 1989, p. 170 ss.

– S.M. Poliner, *Du Bellay's Songe : strategies of deceit, poetics of vision,* B.H.R., 1981, p. 511 ss.

D'abord un peu éclipsé par les *Antiquitez* et les *Regrets,* le *Songe* retient maintenant l'attention des critiques. Les emprunts à l'*Apocalypse* ont été étudiés par Ch. Bené et M. Dassonville. G. Gadoffre dans l'ouvrage mentionné plus haut (*Du Bellay et le sacré*), G. Demerson et E. Benson proposent de lire le recueil comme un message codé, où l'on voit tantôt une satire de la papauté, tantôt une suite de variations sur un thème célèbre, le transfert de l'empire d'un pays à un autre (problème de l'héritage impérial au XVIe siècle, la papauté ou l'empire germanique pouvant prétendre à cet héritage).

4. *Les Regrets :*

– J. Bailbé, *Le mouvement des sonnets dans les Regrets,* in *Le Sonnet à la Renaissance,* Paris, 1988, p. 159 ss.

– Y. Bellenger, *Du Bellay, ses « Regrets » qu'il fit dans Rome,* Paris, 1975.

– A. François, *Les Sonnets suisses de J. du Bellay, expliqués et commentés,* Lausanne, 1946.

– R. Jasinski, *La composition des Regrets, Mélanges Abel Lefranc,* Paris, 1936, p. 339 ss.

– A. Leonetti, *Le Sonnet du « Petit Lyré ». Variations sur « l'air marin »,* Rev. univ., 1948, p. 145 ss.

– G. Nakam, *Du Bellay poète du regret...,* The Hebrew University, Studies in Literature, 1975, p. 135 ss.

– M. Quainton, *Les Regrets : une poétique de la parole,* Actes du Colloque international d'Angers, *op. cit.,* p. 249 ss.

– O. Pot, *Le mythe de Saturne dans les Regrets,* Actes du Colloque international d'Angers, *op. cit.,* p. 461 ss.

– Y. Hoggan-Niord, *L'inspiration burlesque dans les Regrets de J. du Bellay,* B.H.R., 1980, p. 361 ss.

L'article de R. Jasinski et le livre d'Y. Bellenger éclairent la composition du recueil. D'autres articles concernent les diverses humeurs de ce poète instable, sa mélancolie de saturnien ou ses affinités avec les auteurs burlesques.

Le lecteur trouvera des compléments bibliographiques dans l'ouvrage de M. Brady Wells, *Du Bellay. A Bibliography,* London, 1974.

CHRONOLOGIE

1522 ? : Naissance de Joachim du Bellay en Anjou, au château de la Turmelière.

1533 : Du Bellay, orphelin, est mis sous la tutelle de René, son frère aîné. Son éducation est négligée.

Vers 1545 : Il va faire des études de droit à Poitiers.

1546 : Il rencontre le poète Jacques Peletier, qui publiera l'année suivante un recueil d'*Œuvres poétiques* contenant des odes imitées des Anciens.

Vers 1547 : Du Bellay rencontre Ronsard près de Poitiers. Il va le suivre au collège de Coqueret, dont le précepteur est depuis 1547 Jean Dorat. Il y retrouve Ronsard et Antoine de Baïf.

Avril 1549 : Du Bellay publie la *Deffense et Illustration de la langue françoyse,* manifeste qui préconise la composition d'œuvres en langue vulgaire et non pas en latin ; la première édition de l'*Olive,* contenant cinquante sonnets pétrarquistes ; l'*Anterotique,* satire burlesque d'une vieille femme ; les *Vers lyriques,* recueil d'odes inspirées de la poésie ancienne.

En juin, à l'occasion de l'entrée d'Henri II à Paris, il compose son *Prosphonematique.* Mme Marguerite, sœur du roi, protège le jeune poète.

En 1549, il publie son *Recueil de Poësie,* dédié à Mme Marguerite, et qui contient des éloges des grands.

1550-1551 : Du Bellay est gravement malade, et devient sourd.

En octobre 1550, il publie une vision augmentée de l'*Olive* (115 sonnets où se dessine une évolution spirituelle), avec la *Musagnoeomachie,* bataille allégorique entre les Muses et l'Ignorance.

1551 : Avec Ronsard et Baïf, il collabore au *Tombeau littéraire* de Marguerite de Navarre.

Mort de son frère aîné. Le poète devient le tuteur de son neveu Claude.

1552 : Il publie en février sa traduction du quatrième livre de l'*Enéide* de Virgile, et les *Œuvres de l'invention de l'autheur,* caractérisées par une inspiration religieuse.

1553 : Il fait paraître la deuxième édition de son *Recueil de Poësie,* où figure une pièce antipétrarquiste, *A une Dame.*

En avril, il part en Italie avec son puissant et illustre cousin, le cardinal Jean du Bellay, diplomate au service du roi de France, et partisan des thèses gallicanes (pour une relative autonomie de l'Eglise française).

Du Bellay arrive à Rome au mois de juin, et va exercer dans la maison du cardinal la double charge d'intendant et de secrétaire.

1556 : En février, Du Bellay écrit son *Discours au Roy sur la trefve de l'an M.D.LV,* inspiré par la trêve de Vaucelles entre Henri II et Charles Quint (trêve qui ne durera que quelques mois, et dès le mois de juillet les troupes impériales cernent la ville de Rome).

1557 : Du Bellay s'éprend d'une jeune femme romaine, Faustine, qu'il chante dans ses poèmes néo-latins.

Il quitte l'Italie à l'automne.

1558 : Du Bellay publie les *Regrets* (pas de privilège), les *Jeux rustiques* (privilège de janvier 1558), les *Antiquitez de Rome* et les *Poemata* (privilège général de mars 1558).

1559 : Du Bellay est tourmenté par une querelle avec Eustache du Bellay, son cousin, évêque de Paris, et par les soucis dus à la succession de son frère.

Il publie la satire du *Poete Courtisan,* et écrit les vingt-neuf sonnets des *Amours,* qui ne paraîtront qu'en 1568.

1560 : Le 1er janvier, il meurt à Paris, sans doute d'une crise d'apoplexie.

1560-1561 : L'éditeur Frédéric Morel publie à Paris diverses œuvres posthumes de Du Bellay.

1569 : Publication posthume des *Xenia,* recueil d'étrennes en latin.

En toile de fond des recueils romains, la tension entre la Papauté et Henri II, tension due à la politique gallicane du roi de France, qui dès 1547 réaffirme en particulier les droits des évêques français face à la Curie romaine ; le règne scandaleux du pape Jules III, vulgaire et voluptueux ; et la rivalité entre le roi de France et l'Empereur (Jules III s'efforce un temps de les réconcilier, mais Paul IV obtient la formation d'une ligue entre la Papauté et la France, contre les Impériaux). l'année 1556 est vécue à Rome dans l'angoisse, car les troupes impériales commandées par le duc d'Albe entourent la ville. Sous couleur de venir au secours du Pape, Henri II envoie François de Guise conquérir le royaume de Naples au printemps 1557, mais l'entreprise avorte. Puissance temporelle, la Papauté est donc impliquée dans les grands conflits de l'époque.

TABLEAU CHRONOLOGIQUE

1522 : *Colloques* d'Erasme.

1524 : Naissance de Ronsard.

1525 : Défaite de Pavie.

1527 : Sac de Rome par les troupes impériales.

1528 : Jean Clouet peintre du roi de France.

1528 : Création du Collège de France par François Iᵉʳ.
Construction du palais Farnèse.

1536 : Calvin, *Institution de la Religion chrétienne*.

1542 : Création de l'Inquisition à Rome.

1544 : *Délie* de Maurice Scève.

1545 : Ouverture du Concile de Trente.

1547 : Mort de François Iᵉʳ. Avènement d'Henri II.
Marguerite de Navarre, *Les Marguerites de la Marguerite des princesses*. Michel-Ange prend la direction des travaux de Saint-Pierre de Rome.

1548 : Philibert de l'Orme construit le château d'Anet.

1549 : Mort de Marguerite de Navarre.

1550 : Election du pape Jules III.
Odes de Ronsard.

1551 : Vive tension entre Henri II et la Papauté.

1552 : Henri II prend les Trois Evêchés.
Ronsard, *Amours*.

1554 : Les Français perdent la Toscane.

1555 : Capitulation de Sienne devant les troupes impériales. Avènement du pape Marcel II, puis de Paul IV, que son neveu le cardinal Caraffa va pousser à une politique belliqueuse.

1556 : Abdication de Charles Quint. Avènement de Philippe II.
La France pense à reconquérir le royaume de Naples sur les Espagnols.

1557 : Menée par le duc de Guise, cette campagne militaire s'enlise. Le désastre de Saint-Quentin oblige Henri II à rappeler Guise en France.

1558 : Mort de Charles Quint.

1559 : Mort d'Henri II, blessé dans un tournoi. Avènement de François II.
Mort de Paul IV.
Travaux de Pierre Lescot au Louvre.

TABLE ALPHABÉTIQUE
DES POÈMES

TABLE